나는 시련을 통해
인생을 배웠다

나는 시련을 통해 인생을 배웠다

초판 1쇄 2021년 11월 26일
지은이 전종배 | **펴낸이** 송영화 | **펴낸곳** 굿위즈덤 | **총괄** 임종익
등록 제 2020-000123호 | **주소** 서울시 마포구 양화로 133 서교타워 711호
전화 02) 322-7803 | **팩스** 02) 6007-1845 | **이메일** gwbooks@hanmail.net

ISBN 979-11-91447-85-9 03190 | 값 15,000원

※ 파본은 본사나 구입하신 서점에서 교환해드립니다.

※ **굿위즈덤**은 당신의 상상이 현실이 되도록 돕습니다.

I Learned Life Through Adversity

위기와 역경에서 인생을 바꾸는 절망 대처법!

나는 시련을 통해 인생을 배웠다

전종배 지음

굿위즈덤

프롤로그

어린 시절, 막연히 '책을 쓰고 싶습니다.', '시를 쓰고 싶습니다.'라고 바라던 소망에서 시작되었던 꿈이 이루어졌습니다. 계속되는 시련으로 힘들었던 나의 삶의 여정을 함께 나누고 싶었습니다. 어쩌면 많이 두려운 일입니다. 나의 알몸을 드러내는 일이기 때문입니다. 그러나 나는 내 삶을 글로 표현하여 책에 담아 한 권의 책을 쓰겠다는 용기를 내기로 했고 행동으로 옮겼습니다.

『나는 시련을 통해 인생을 배웠다』라는 제목에서 보여줬듯이 많은 일을 겪으며 너무 힘들어 세상을 버리고 싶었던 적도 있었습니다. 그러나 하나님의 은혜로 나의 삶을 포기하지 않고 힘내서 시련을 이겨내고 건강을 회복했으며, 이제는 인생의 꿈을 가진 나는 나름대로 성공자의 길을 걷고 있습니다.

우리나라가 자살률 1위라는 뉴스를 볼 때면 너무나 안타까운 생각에 마음이 몹시 아프곤 했습니다. 적게나마 나의 책이 시련 속에서 극단적 선택을 하는 사람들에게 힘이 되어주고, 어려운 현실을 이겨낼 수 있도록 도움이 되기를 바라면서 책을 쓰게 되었습니다. 요즘 우리는 출산율이 최하위이고 고령화로 가는, 미래가 불투명한 시대의 대한민국에 살고 있습니다. 이 책의 내용은 어린 시절부터 지금까지 살아온 나의 발자취입니다. 거짓 없이 옛날의 기억을 떠올리면서 써 내려간 나의 자전적 에세이입니다.

야간 대학 시절에 꿈을 가지고 있었습니다. 강단에 서는 것입니다. 삶의 귀중한 경험을 바탕으로 강의를 하고 싶습니다. 책을 쓰려고 했지만 어떻게 써야 할지 모르는 나에게 〈한국책쓰기1인창업코칭협회(한책협)〉는 사막에서 만난 오아시스였습니다. 김태광 대표님은 25년간 책을 250권을 쓰고 1,100여 명의 작가를 배출한 엄청난 경력을 가지고 있었습니다. 평범한 사람들을 1,100명이나 작가로 만들어 배출했다는 것은 그만큼 가르치는 능력이 뛰어나다는 것을 증명해주는 것이며 신뢰감을 주는 결과라고 생각합니다. 그래서 나는 용기를 내어 1일 특강에 참여하고 책쓰기 과정에 등록했습니다. 그리고 〈한책협〉의 코칭을 받아가며 차근차근 책을 쓰게 되었습니다. 인터넷 활용이나 컴퓨터 활용 능력에 취약한 나는 책 쓰기를 하면서 많은 어려움에 봉착하기도 했지만 이렇게 책 쓰기를 마무리하게 되었습니다. 부족한 나에게 정성껏 코치해주신 〈한책협〉 김태광 대표님과 코치님께 정말 감사드립니다.

어머님의 헌신적인 사랑과 누님의 희생이 없었다면 지금의 나는 이 자리까지 올 수 없었습니다. 그리고 여동생의 사려 깊은 배려에 늘 고마운 마음을 전하고 싶고 아픈 가운데 지금까지 치료받으며 잘 견뎌준 남동생에게도 정말 고맙다는 말을 전하고 싶습니다.

처음에는 반대가 심했던 우리 가족들도 마음을 열어 옆에서 힘이 되어주고 응원해주어서 감사하고 그동안 수고 많았다는 말을 전합니다.

부족한 제가 쓴 글을 읽으며 함께 공감하고 인생에서 힘들고 아팠던 상처가 치유되시길 바라며 하나님을 만나고 그분과 동행하는 삶이 되기를 간절히 기도합니다.

2021년 11월, 전종배 작가

목 차

1장

나의 시련은 가족을 통해 시작되었다

2 장

모든 것이 무너지고 포기하고 싶었던 시간들

3 장

위기 뒤에는 항상 기회가 온다

4 장

불가능을 가능하게 만드는 긍정의 힘

5 장

나는 시련을 통해서 인생을 배웠다

1장

나의 시련은 가족을 통해 시작되었다

01

지독하게 가난하고
힘들었던 어린 시절

그래 가난은 죄가 아니다. 단지 조금 불편할 뿐이다. 그렇다고 그 불편함을 감수하며 살 것인가?

아버지는 사업 부도로 산더미 같은 빚을 남긴 채 결국 병환으로 돌아가셨다. 우리 가족은 길거리로 내던져지고 말았다.

기거할 곳이 없어 길거리에 천막을 치고 사는 가족들의 모습을 상상해 보라. 물론 그 시절이 있었기 때문에 지금의 내가 존재하는 것은 맞다.

하지만 나는 다시는 그 시절로 돌아가고 싶지 않다. 집도 없이 떠돌며 남의 집 처마 밑에서 전전긍긍 살아가는 나날이 계속되자 어머님께서 어느 날 서천 군수에게 장문의 편지를 보내셨다. 서천 군수는 어머님께서 며칠 밤낮 써 내려간 눈물로 얼룩진 편지를 보고 우리 사는 곳에 직접 방문하여 우리의 상황을 파악하게 되었고 아버지 없는 가정이 모여 사는 모자원에 기거할 수 있도록 조치를 해주어 우리 가족은 그곳으로 터전을 옮기게 되었다. 나는 그곳에서 살아가는 동안 '아비 없는 아이', '싸가지 없고 나쁜 아이'라고 취급당하기 일쑤였고, 그런 환경에서의 삶이 정녕 행복하지 않았다. 물론 그 당시에 그곳마저도 들어가지 못한 사람도 많았지만 말이다.

진정한 가난은 물질적인 결핍이 아니라 건강이나 아름다움, 부유함, 무엇을 좇든지 완벽하기를 바라는 마음에서 느끼는 '부족함'에서 비롯된다고 생각한다.

우리 누님은 지금의 초등학교, 그 옛날 국민학교도 졸업하지 못하고 서울에 있는 봉제공장에 취직했다. 그렇게 일가친척, 몸을 기댈 곳 하나 없는 객지에서 고생하며 먹을 것, 입을 것 제대로 누리지 못한 채 한달

한달 어렵게 모은 돈을 어머니께 송금하고 어린 나와 동생들 옷을 사서 보내오기도 했다. 그때 당시에는 나도 어려서 잘 몰랐는데 지금 되짚어 생각해보면 그런 누님의 희생이 있었기에 어린 동생들이 편안하게 물질의 걱정을 조금 덜어내고 살 수 있었던 것 같다. 해마다 어머님의 생신이 되면 여동생 가족과 누님의 가족이 군산에 와서 하루나 이틀을 자고 갈 때가 있다. 그럴 때 힘들었던 어린 시절을 회상하며 이야기를 나누곤 한다. 누님의 말을 듣고 지금에 와서 알게 됐지만, 자유롭게 외출하지 못하는 기숙사 생활을 하며, 자신에게는 투자도 하지 못하고 힘든 생활을 하신 누님의 젊은 시절은 너무나 가엽고 눈물겹다. 청춘을 가족을 위해 희생한 누님에게 정말 미안하고 고맙기도 하다.

예전에는 가난한 고학생도 얼마든지 성공의 반열에 들어섰다. 그러나 요즘은 부모의 경제적 능력에 따라 아이의 환경과 인생이 달라진다고 해도 과언이 아니다. 빈익빈 부익부의 세상에 살고 있는 것이다. 나의 가난한 서민 생활은 내 자녀에게 대물림될 수도 있다는 걱정스러운 생각이 많이 밀려올 때가 있다.

누님과 비교해 나와 동생들은 잘 지낸 것 같다. 모자원에서 나오는 식량과 연탄, 후원되는 물품으로 그럭저럭 생활하며 지냈고, 어머님의 풀빵 장사와 과일 장사로 수입도 어느 정도 된 것 같다. 나는 학교에 다니면서 두 살 된 여동생과 여섯 살 된 남동생을 돌봐야 했기에 다른 친구들처럼 함께 밖에서 뛰어논다는 것은 상상할 수도 없었다. 끼니때가 되면 밥 준비를 해야 했고 청소와 빨래는 기본이고 어머님 장사 나가실 때 나도 도와야 했다. 물이 귀하던 시절이라서 우물에서 물을 길어 오기도 하고 밭으로 찬거리를 구하러 바쁘게 뛰어다니기도 했다. 그렇게 지독한 가난은 조금씩 나아지고 어느덧 우리 남매는 어른으로 성장하고 있었다.

요즘은 세상 살기가 더 어려워졌다. 기성세대가 자손들이 살기 좋은 세상을 만들어놓아야 하는데 그렇지 못해서 아이들은 더 살기 어려워졌다. 우리나라는 평생 번 돈을 다 쏟아부어도 은행 빚이 없으면 집 한 채 마련하기 어려운 상태가 되었고 나랏빚은 기하급수적으로 불어나고 있어서 이제는 나 한 사람 먹고살기도 힘들어졌다. 예전에는 결혼과 출산이 기본이었는데 그것들을 포기하는 게 당연한 시대가 되고 있다.

모든 것이 너무 많아서 '풍요 속의 빈곤'이라 했던가? 아파트 공화국답게 서울 여기저기 아파트들은 고급화되어 가는 반면, 시골 주택과 변두리 주택은 빈집으로 전락하고 있는데도 진짜로 들어가 살 집이 없는 사람은 길거리로 내몰리고 있다.

어머님과 누님의 희생으로 지독하게 가난하고 힘들었던 우리 가정에 조금씩 돈이 모이고 있다. 참으로 고맙다. 누군가의 희생이 있었기에 현실이 조금씩 변화되고 안정이 되어가고 있다. 그래도 마음 따뜻한 사실은 가난한 사람들이 서로의 불행을 모른 체하지 않았다는 점이다.

나는 지독하게 가난하고 힘든 어린 시절을 겪었지만, 심신이 건강한 오늘의 나로 성장해 있다. 무엇보다 그 시절이 있어서 나는 성장했다. 그리고 더 나은 인생을 살려고 노력한다. 요즘같이 모든 것이 풍요로운 시대가 있을까? 정보, 게임, 영화, 1인 미디어, 먹거리 등 차고 넘치는 것들이 많다. 그 속에서 나는 부족하지만 노력하고 동기부여를 받으며 성장했다. 가난했기 때문에 절실했고 조금씩 발전했다. 고난과 역경을 극복한 인간 승리 드라마는 언제나 잔잔한 감동을 선사한다. 주인공이 살아온 인생 여정에는 보는 사람이 공감할 수 있는 아픔과 슬픔, 기쁨이 녹아있기 때문이다. 사람들은 다른 사람의 삶을 통해서 자신의 모습을 돌아보고 치유하며 희망도 얻는다.

나에게 가난과 고난이 없었다면 이렇게 책을 쓰겠다고 하지도 않았을 것이다. 그래서 나는 감사한다. 나는 조금씩 성장하면서 실천하고 시작했다. 굿네이버스에 해외아동 자매결연으로 15년째 후원하고 요양원과 모자원에도 조금씩 후원하고 있다. 이런 일도 내가 가난한 시절 있었기에 가능했고, 나의 삶은 나눔을 실천하는 삶으로 발전하고 있다. 많이 있어서 도울 수 있는 것이 아니고 실천하려는 의지가 있어 가능하다. 여러 사람이 밥 한 숟가락씩 덜어주면 고봉밥 한 그릇이 만들어지는 것처럼 한 사람의 작은 나눔이 모이고 모여서 큰 힘이 된다. 어린아이가 갖고 있던 보잘것없는 보리떡 다섯 개와 물고기 두 마리로 수많은 사람을 먹이고도 열두 광주리가 남았던 성경 속 오병이어(五餠二魚)의 기적처럼 나의 작은 나눔이 누군가에게 위로와 힘이 되길 바란다. 평소에 나눔에 관심이 많았고 조금씩 성장해서 성공하면 그늘진 곳에서 힘들어하는 사람들에게 희망을 주고 좋은 것을 함께 나누고 싶은 마음을 품어왔다.

나는 성공자이다. 지독하게 힘들었던 어린 시절을 견디고 여기까지 왔다. 지금까지 나의 삶에 도움을 주신 모든 분께 감사하며 성공해서 더욱 더 많은 것을 나누고 내가 느끼는 삶에 대한 가치에 대해 강의하고 싶다.

02

끝나지 않은
질병

나는 가문에 내려오는 질병을 끊어내고 하나님의 부르심을 받는 날이 될 때까지 건강한 삶을 누리고 싶었다. 나는 어릴 적에 몇 번의 죽을 고비를 경험했다. 폐결핵으로 가정의 귀한 살림을 팔아서 치료비에 쓰기도 했다. 죽은 것 같아 멍석에 말아 땅에 묻으려고 하면 살아나곤 했다고 들었다.

우리 가족이 지독한 가난과 시련으로 고통을 받는 동안에도 질병 또한 떠나지 않았다. 유전적 요인으로도 왔지만 먹지 못해서 오고 마음의 상처를 받아서 오는 스트레스성 질병으로 고생이 많았다. 그러다 보니 어머님께서는 교회를 다녔지만, 사랑하는 자녀를 위해서 병원에 다니면서 치료가 제대로 되지 않으면 무속인에게 점을 쳐보기도 하고 큰 굿을 하기도 했다.

나는 어린 마음이었지만 무속인이 굿을 하는 것이 그렇게 싫었다. 왠지 모르지만 굿하는 게 답이 아니라고 생각했다. 그렇게 어린 시절 나는 끊임없이 원인을 알 수 없는 몸의 질병으로 인해 고통을 당했다. '질병'이 무엇일까?

인터넷에서 질병의 정의를 찾아보았다. '질병'이란, '심신의 전체 또는 일부가 일시적 혹은 지속해서 장애를 일으켜서 정상적인 기능을 할 수 없는 상태', '넓은 의미에서는 극도의 고통을 비롯해 스트레스, 사회적 문제, 신체 기관의 기능장애와 죽음 등을 모두 포함한다.'라고 정의가 되어 있다.

질병의 시작은 아버님이시다. 가난한 농부의 아들로 태어나서 어렵게 사시다가 어머님을 만나 결혼하시고 몸이 약해서 막노동을 못 하시니 사업을 시작하셨다. 그때 당시 자본금 없이 쉽게 시작할 수 있는 사업이 '고물상'이었다. 그래도 사업은 사업인지라 적은 액수의 자본금일지라도 이곳저곳에서 빚을 내어 고물상을 시작하셨는데 세상살이가 고분고분하지 않았다. 사업은 생각대로 잘되지 않았고 빚은 계속 불어났다. 아버님은 힘이 들고 지친 까닭에 현실에서 도피하기 위해 자주 술을 드시고 한탄을 많이 하셨다. 나에게 막걸리를 사오라고 자주 심부름을 시키셨던 기억이 난다.

그렇게 힘들게 사시다가 결국 아버지는 간경화증이 발병하시고야 말았다. 간경화증은 간이 굳어가는 병이다. 아버지의 병을 치료하기 위해 병원 여러 군데를 다니며 진료를 받았으나 가망이 없다고 하였다. 아버지는 오랜 투병의 세월을 보낸 후에 세상의 빛을 보지 못하고 50대의 젊은 나이에 끝내 하늘나라에 가셨다.

지금도 나는 기억한다. 아버님은 돌아가실 때 세숫대야에 피를 한가득 토하고 돌아가셨다. 자식들이 그때까지도 어리다 보니 차마 눈을 못 감으셔서 친척 어르신께서 눈물을 흘리면서 '자식들 염려 말고 눈 감고 잘 가라'고 하시던 말씀이 지금도 생생하게 들리는 듯하다.

아버님이 그렇게 돌아가신 후에 나는 결심했다. 절대로, 절대로 술은 안 먹고 살겠다고 다짐하고 또 다짐했다. 아버님이 돌아가시고 난 후 나는 성장하면서 허약체질에 무엇을 먹으면 소화가 안 되어서 자주 가는 한의원이 있었고 늘 약탕을 달고 살았다. 나의 몸은 한마디로 어디를 어떻게 손을 써야 할지 모르는 '종합병원'이었다. 종합병원이었던 나도 많이 힘들었지만, 경제적으로 어려운데 약값을 구해 매일 약탕을 힘들게 끓여내셔야만 했던 어머님께 지금 생각해도 한없이 죄송한 마음뿐이다. 하지만 나도 몸이 아파지고 싶어서 아픈 것이 아닌데 어찌하겠는가? 어머님께서는 나의 몸이 차가워서 아프다고 자주 인삼에 꿀을 넣어 나에게 주셨고 용탕도 자주 해주시고 하셨다. 없는 살림에 그 옛날 몸에 좋은 건 다 해주시는 어머님의 사랑을 어떻게 말로 다 표현할 수 있겠는가?

우리는 우리의 몸을 항상 건강한 상태로 유지해야 한다. 그런데 사실 그것은 아주 정상적이며 자연적인 상태이다. 건강한 것이 당연하다는 말이다. 몸이 아프거나 질병에 걸리는 것이 비정상이다.

그러면 어떻게 해야 질병에 걸리지 않고 살 수 있을까? 어떤 노력을 해야 하는가? 그것은 바로 환경을 탓하지 말고 주어진 상황에 맞게 잘 먹고 소화시키고 잘 배출하면 된다. 마음을 비우는 연습도 해야 한다.

마음에 평안함이 없으면 당연히 질병에 노출이 된다. '스트레스가 만병의 근원'이라고 한다. 욕심을 버리고 긍정적인 마음으로 생활하는 것이 중요하다. 그리고 운동은 생활이고 필수이다. 우리가 살기 위해서 하루에 식사 시간을 정해놓고 하듯이 운동도 시간을 정해놓고 해야 한다.

지속적인 운동을 위해서 분위기를 만들어야 한다. 주변 사람들을 자주 운동하는 데 끌어들여야 한다. 같이 운동하면서 운동의 즐거움을 느끼게 해야 한다. 식사도 신경 쓰고 대화의 화제에도 운동이 들어가야 한다. 운동하면서 느끼는 몸의 변화도 나눌 수 있어야 한다. 그러면 계속해서 즐거운 마음으로 운동을 할 수 있다.

질병에 노출되지 않으려면 운동과 식이요법이 제일 중요하다. 어릴 때 병원이나 약국에 가면 의사나 약사들이 입을 모아 '아들 운동시키세요.'라는 말을 많이 하고 강조하였다. 유전적으로 타고난 건강 체질이 있긴 하겠지만 꾸준한 운동과 식이요법은 우리가 건강한 100세 시대를 살아가는 데 필요하고 모두가 꼭 실천해야 할 중요한 생활습관이다.

모든 것은 변한다. 우리의 몸도 변한다. 젊어서는 근육도 많고 활동량도 많다. 무엇을 먹든 별문제가 발견되지 않는다. 하지만 나이가 들면 몸이 변한다. 그래서 나이에 맞게 먹어야 하고 건강을 위해서 몸에 맞게 음식 조절을 하는 것은 매우 중요한 일이다. 좋은 음식도 적당히 먹어야 한다. 과식은 몸에 해롭고 소식이 좋다. 누구나 다 아는 내용이지만 실천하는 것은 어렵다.

요즘은 모든 것이 풍요롭다. 우리 부모님 세대의 보릿고개가 언제 왔다 갔는지 모를 정도로 먹을 것이 넘쳐나는 시대이다. 너무나 먹을 것이 많아서 걱정하고 먹어서 병이 되기도 하고 약이 되기도 한다.

내가 생각하는 다이어트의 정의는 '뺄 것은 빼고 늘릴 것은 늘리는 것'이다. 체지방은 빼고 근육은 늘리는 것이다. 기초대사량을 늘려 같은 양을 먹어도 살이 안 찌는 체질로 만드는 것이다. 몸무게 줄이는 것이 목표가 아니라 근육질 몸매로 만드는 것이 목표이다.

다이어트와 관련해서 별의별 장사꾼들이 참 많다. 과거에는 60~70년대에는 먹을 것이 모자라 굶어서 죽는 사람이 많았다면 요즘에는 비만으로 인한 대사성질환으로 고통받다가 죽은 사람이 많아 비만을 팔아먹고 사는 사람이 더 많은 세상이다. 그중 사기꾼이 많은데 이를 구분하는 방법은 간단하다. 단기간에 아무 노력 없이 음식만으로 혹은 각종 시술로 큰 효과를 보장해주겠다는 사람들은 틀림없이 사기꾼이다. 단기적으로 살이 빠진 것처럼 보이지만 결과적으로는 더 나쁜 상황에 놓이게 될 수밖에 없다. 올바른 다이어트는 장기적으로 식이요법과 운동을 서서히 병행하면서 값지게 얻는 노력의 결과물이다. 살이 빠지는 것도 좋지만 몸이 먼저이다. 비만은 질병이다.

절대 회복되지 못할 것 같은 질병을 어떻게 해야 이겨내고 건강하게 살 수 있을까? 마음이 아파서 오는 질병은 종교적 신앙의 힘으로 치유하고 몸이 아플 때는 병원에서 확인한 검사 결과와 처방으로 치료하면 된다. 무엇보다 스트레스를 받더라도 잘 이겨내고 식이요법으로 건강한 음식을 섭취하며, 운동할 때 주기를 정해놓고 규칙적으로 하는 것이 중요하다.

03

현실은 냉정하고 삶은 팍팍했다

요즘 같은 코로나19 시대에 나는 어떻게 살아가고 있는가? 나는 어려운 시대에 태어나서 풍족함을 모르고 힘들게 자랐고, 공부머리도 타고나지 못해 공부도 잘하지 못했다. IQ를 측정하면 두 자릿수로 평가되었다.

어머님은 어려운 환경 속에서도 자식들 교육에 많이 투자하셨다. 그 시절에 부유한 집 자식들이나 받던 과외를 받기도 했다. 그러나 도무지 성적은 좋아지질 않았고 공부에 대한 재미 또한 느끼지 못했다. 그런 내가 좋은 학교에 갈 수는 없었다.

중학교 3학년에 고입원서를 써야 하는데 갈 곳이 장항공업고등학교에 들어가기도 힘들다고 담임선생님께서 말씀하셨다. 어머님과 나는 절망적이었다. 앞으로 남은 시간 열심히 노력하겠노라 약속하고 온 힘을 다해 공부한 결과 다행히도 장항공업고등학교에 합격하게 되었다.

어머님께서는 내가 인문계 고등학교에 진학해 대학을 가고, 졸업 후에 은행원이나 대기업 사원이 되어 시원한 에어컨이 가동되는 곳에서 일하기를 원하셨지만, 나의 실력과 현실은 그렇지 못했다.

요즘의 현실은 어떠한가? 모든 것이 넘쳐나고 있지만, 서민의 생활은 갈수록 힘겨워지고 있다. 부동산 시장은 가진 자들의 잔치를 하는 곳이고 우리 같은 서민은 청약 저축을 들어서 청약 신청을 해도 당첨 확률이 낮아 당첨되기도 힘들 뿐만 아니라, 설사 당첨된다고 하더라도 돈이 없어 분양받은 것도 내 집으로 만들기가 쉽지 않다. 목돈이 조금 있어 은행에 저축한다 해도 금리가 바닥으로 곤두박질을 쳐서 돈이 불어나지 않는다.

요즘 직장인들 대부분은 주식을 한다. 남들은 돈 벌었다고 하는데 누구나 다 쉽게 돈을 벌 수는 없다. 돈을 번 자가 있으면 돈을 잃은 자가 있기 때문이다. '주식 투자해서 돈을 벌기'란 쉽지 않은 일이다. 한 예로 주식을 한다고 여기저기 수천만 원씩 빚을 내서 주식을 매입하고 주가가 하락하여 원금마저 회수하지 못한 동료가 하루아침에 회사를 퇴사하고 동료들에게 원금도 제대로 갚지 못하고 야반도주하듯 도망치는 신세로 전락하는 모습을 본 적도 있다.

요즘 진짜 대세는 비트코인인 것 같다는 생각이 든다. 막말로 사람들은 '개나 소나 다 하고 있어.'라고 말을 한다. 하물며 동료와 대화를 하려면 비트코인을 조금은 알아야 한다. 나도 회사 동료랑 같은 배를 타려고 주식도 조금 투자하고 비트코인도 투자해보았다. 그러나 계속 떨어지고 있다. 개인형 적립식 펀드는 꼭 해야 한다고 해서 펀드에도 투자했지만, 수익률은 계속 하락하고 있다.

이렇게 현실은 냉정하다. 돈이 없어 많이 투자하지도 못한다. 그런데 자신의 종잣돈이 아닌 빚을 내서 투자한다면? 달마다 갚아야 하는 은행 이자는 나날이 늘어가는데 본전 생각은 자꾸 나고 당장 투자한 보람은 느끼지 못해서 결국 이성적인 판단을 하지 못하고 자꾸만 빚을 내게 되고 그 결과 악순환이 연속된다.

고등학교 졸업 후 나는 수없이 이곳저곳 실습을 나갔다. 처음에는 서울 구로구에 전기과 전공을 살려서 패널 제작하는 곳에서 실습을 시작했다. 조그마한 가게에서 패널 공사를 제작하는데 8시간 근무에 급여는 일당으로 지불받고 점심 한 끼 식사에 숙소는 선배가 있는 자취방에서 함께 생활해야 했다. 이건 아니다 싶어서 짐을 꾸려 고향으로 가는 열차에 몸을 실었다. 또다시 같은 반 친구와 함께 세 명이 부천에 있는 조그마한 전자 회사에 취업하였다. 전기 쿠커, 전기 주전자, 전기 프라이팬 등을 제작 조립하여 완제품을 생산하는 회사였다. 매일 반복되는 조립 작업, 그다지 배울 것이 없는 생산적 실습은 계속되었고 회사가 부도가 났다.

어쩔 수 없이 우리 세 명은 다시 고향으로 가야만 했다. 가정집 옥내 배선공사 설치하러 다니다 크고 작은 사고로 다치기도 하고, 조선소 선박 배선공사를 하기도 하였다. 생활고로 인하여 나는 틈나는 대로 신문 배달과 공사판을 돌아다니면서 일을 하거나 판유리 생산하는 회사의 하청업체 직원으로 일을 하기도 하였다. 정식으로 큰 회사를 들어가려면 성적도, 실력도 필요하지만, 대한민국은 힘 있는 사람을 등에 업는, 일명 '빽', 즉 배경이 중요했다. 아는 사람이 없으면 좋은 곳도 들어가기 힘들었다. 친구와 함께 시험도 보고 면접도 보았는데 친구는 합격하고 나는 떨어졌다. 세상이 그렇게 원망스러울 수가 없었다.

35년 전의 일이다. 한번은 아는 사람에게 이야기해서 돈 600만 원을 주고 입사원서를 냈는데 노사분규가 일어나서 당분간 사원모집을 보류 중이라고 해서 결국에는 입사를 포기하고 말았다. 그렇게 힘 있는 누군가를 알지 못하면 생산직 입사도 힘든 시기였다.

외갓집 형님의 소개로 모나미 회사에 입사하게 되었다. 내가 알기로는 생산직 여직원이 800여 명~1,000여 명, 남자 직원이 200여 명 정도 되었던 것으로 기억된다. 생산직 사원도 누군가 아는 분이 소개를 해주어야 입사를 할 수 있었다. 내가 성실히 일하고 싶어도 할 기회가 없는 현실이 슬펐다. 20대 청춘을 다 바친 회사 모나미 생활이 처음에는 힘들었지만 나름대로는 직장생활을 재미있게 한 것 같다. 연애도 하고 여직원들과 함께 등산, 야유회, 나이트클럽, 롤러스케이트장에 가는 등 젊은 청춘이 놀고 즐기는 즐거운 시절이었던 것 같다.

8년 정도의 세월이 흘러가면서 나는 느끼고 있었다. 이곳에서의 생활이 길게 가지는 못할 것을…. 외국산 문구가 들어오고 인건비와 물류비를 감당해내지 못하면 언젠가는 경쟁력이 떨어져서 회사가 계속 존속하기가 힘들 것으로 생각했다.

8년간의 모나미 직장생활에 비전을 느끼지 못하였고 인생의 전환점이 필요했던 나는 퇴직을 하여 고향으로 되돌아가겠다고 결정하였다. 장항에 있는 전주제지(현 한솔제지), 장항제련소, 태평양유리 등의 회사에 입사 서류를 냈지만 전부 불합격이었다. 결국 장항에서 하려고 했던 직장 생활이 힘들게 되었다. 지인이 군산에 있는 두산유리에 입사지원서를 내 보라고 조언해주어 두산유리(현 동원시스템즈)에 입사지원서를 낸 결과 다행히도 합격했다. 정말 감사한 일이었다. 모나미에서 힘든 일이 없이 잘 지냈던 내게 두산유리 회사 생활은 그렇게 녹록하지 않았다. 생전 안 해본 일이어서 두렵기도 하고 힘들고 겁도 많아서 일을 계속해야 할지 의문을 갖기도 하였다. 화학적인 상식이 많이 있어야 했고 몸으로 감당해야 하는 일도 많아 상식이 부족하고 몸이 허약했던 나로서는 회사 생활을 하는 동안 갈등에 갈등이 계속되어 하루하루가 힘이 들었다.

항상 머릿속에 있는 '장남'이라는 무게를 견디기 위해서 힘들고 힘들어도 참아야 했고 나만 바라보는 어머님과 가족들을 위해서 참고 견뎌야 했다. 회사에서 하는 일이 내게는 너무나 적성에 맞지 않았지만 어렵게 취업한 회사를 떠날 수는 없었다. 내 현실은 먹고 살기 위해서 힘들어도 참고 견디며 마음으로, 몸으로 그 모든 것을 감내하면서 회사에 다닐 수밖에 없었다. 힘들어서 회사를 그만둔다는 것은 내 삶에서 '사치'일 수밖에 없었기 때문이었다. 나에게 임박한 현실은 늘 냉정하고 팍팍했지만 나는 책임감으로 힘든 하루를 시작하여 회사에서 일을 겨우 마치고 퇴근하는, 매일 다람쥐 쳇바퀴 돌 듯하는 나날을 계속 이어갔다.

나는 사랑하는 어머님과 동생들을 생각하며 힘들었지만 실망하지 않고 성실하게 하루하루 일하는 것을 삶의 최우선순위로 생각하며 버티고 견디며 하루하루를 보냈다. 그것이 나로서는 최선의 삶이었고 어머님께 해드릴 수 있는 최고의 효도라고 생각한 것이다.

냉정하고 팍팍한 삶의 현실 속에서 내 생활은 어느덧 습관이 되고 그 모든 생활의 패턴을 긍정적으로 받아들이니 조금씩 즐길 수 있는 마음의 준비도 되어가고 있었다. 일을 즐기기 시작하니 주변 동료들에게도 시선이 가고 일에 대한 마음의 자세도 달라져 일에도 재미가 느껴지기 시작했다.

사람이 죽으라는 법은 없는 것이다. 당장은 희망이 보이지 않고 하고 싶지 않은 일이 내 사면에 쌓여 있어도 포기하거나 절망하지 않고 도전하는 마음으로 생활을 이어가다 보면 어느덧 시간이 나에게 인내의 귀중한 결실을 거두게 해주고, 사랑하는 가족과 마음을 열고 다가갈 수 있는 동료들로 삶을 채워주는 것 같다.

04

나만의
절망 대처법

세상의 온갖 고난과 어려움이 있어도 그것을 극복하게 되는 것은 마음속에 희망이 있기 때문이다. 사람은 누구나 희망을 품고 살아야 함을 잊지 말아야 한다. 우리가 살아갈 용기를 얻는 것은 삶에 절망이 아닌 희망이 있기 때문이다. 희망은 곧 삶을 건강하게 하고 윤택하게 하는 것이다.

'내일 일을 염려하지 말라 내일 일은 내일 염려할것이요'(마태복음 6장 34절)라는 말씀처럼 우리는 희망을 품고 기쁜 마음으로 행복을 꿈꾸며 인생을 살아가야 한다.

어린 시절부터 지금까지 살아오는 동안 많은 시행착오를 겪으면서 성장했다. 너무나 힘들어서 울 수도 웃을 수도 없는 상황이 많았지만 나는 힘을 잃지 않고 용기를 내야 했다. 그래야 내가 살 것 같았다. 그래서 나는 힘들 때 웃음이 나오지 않는 상황에서도 그냥 웃기로 했다. 그래서 정말 울어야 할 상황에 웃는 내 모습을 보고 '저 사람 이상해. 미친 사람 같다.'라고 말하는 사람도 있었다. 그래도 나는 계속 웃어보았다. 기분이 후련해질 때까지….

두산유리 입사 후 장항에서 출퇴근을 해야 하는데, 도선 배로 10분이 걸려 가야 하기도 하고 버스로 금강하구둑을 돌아서 가야 해서 보통 힘든 일이 아니었다. 동료가 밤늦게 일이 끝나면 차로 데려다주곤 했다. 그렇게 하는 것도 하루이틀이지 출퇴근 문제가 해결되지 않으니 일하기가 힘들었다. 장항에서 함께 다니던 동료가 퇴사 후에는 도무지 어떻게 해야 할 방법이 없어 고민하던 중 군산에서 처음으로 주거용 원룸이 임대 분양된다고 해서 계약을 했다.

그런데 80%의 공정률을 끝으로 그만 부도가 나고 말았다. 계약금이 없어질 상황이 되어 입주자 모임을 개최하여 각 세대에서 일정 금액을 각

출했다. 임대 발전기로 각 세대에 전기를 공급하고 임시로 입주하여 생활하게 되었다. 전기 공급이 원활하지 못해 불편한 나날이 많았다. 그래도 이렇게 살아간다는 것이 신기할 만큼 조금씩 문제가 해결되기 시작했다. 혼자는 힘이 없지만 모이면 힘이 된다는 것을 깨달았다.

다른 곳에서 원룸을 인수하여 마무리 공사도 되어가고 있을 즈음 경찰서에서 연락이 왔다. 남의 건물에 사용승인이 나지 않았는데 불법으로 입주해서 살았다고 고발장이 왔다는 이야기였다. 나는 이해할 수가 없었다. 내 돈이 들어간 이 집에 내가 들어가서 산다는 게 왜 불법인지…. 나를 비롯하여 입주민 모두가 노발대발하며 불복했지만 점거하고 입주하여 사는 행위가 불법이라니 어처구니없는 노릇이었다.

나는 그때 사용승인이 나지 않은 건물에서 허가 없이 사는 일이 불법이라는 것을 처음 알게 되었다. 살면서 주변의 누구와 말다툼 한 번 하는 일 없이 잘 살아왔는데 정말 기가 막혔다. 내가 경찰서에 가다니…. 내가 무슨 죄라고…. 예전의 나 같으면 두렵고 떨려서 당황하고 닥친 일을 어떻게 해결할지 걱정을 많이 하고 스트레스를 받았을 것이었다.

어린 시절 길바닥에 집도 절도 없이 내몰린 아픔을 겪었던 나로서는 악이 바짝 오르고 성이 나서 오히려 그게 살아갈 용기로 나 자신을 가득 차게 했다. 그때 당시를 회상하면 내게 어떻게 그런 용기와 대담함이 있었는지 놀랍기만 하다. 20대 후반이었던 나는 처음으로 내 집을 갖게 되는 희망을 품게 되었고 그 일이 잘못되어 '내 집'이 날아갈 위기에 처하였으나 내 마음 한 곳에서 긍정의 마음, 불의와 맞서 싸우려는 강한 의지가 불일 듯 일어났다. 경찰 조사를 끝내고 집에 오는데 마음이 썩 좋지는 않았다. 부정적인 현실과 힘든 상황 속에서 내 소신을 굽히지 않고 긍정적인 생각을 하며 산다는 건 '시련'이라는 어려운 시험문제를 통과하기 위해 '시험'을 치는 것과 같다고 생각한다. 주위에서 아무리 불행한 일들이 펼쳐진다고 해도 긍정적으로 그 상황을 바라볼 수 있는 사람에게 '불행'이 더는 '불행'이 아니고 오히려 '행운'이 될 것이기 때문이다. 문제에 직면했을 때 문제 그대로 바라보지 않고 문제 속에 숨겨진 긍정적인 면을 찾고 찾아야 한다. 그렇게 하면 문제를 직시하는 눈이 열리고 문제를 해결하는 방법도 찾을 수 있는 지혜도 발견하게 되는 것이다. 나는 그렇게 집 문제에 대한 어려움을 해결하고 내 돈의 1원도 손해를 보지 않고 다 찾을 수 있었다. 그리고 그 집이 오히려 종잣돈이 되어 후에 신혼살림을 시작할 수 있는 터전을 마련하는 데 큰 도움이 되었다.

아내는 결혼 전에 모아둔 돈으로 조그만 13평 아파트를 전세를 안고 사게 되었다. 우리는 늦은 나이에 6개월의 연애 끝에 결혼하였고 신혼살림을 내가 결혼 전에 부도 위기의 시련을 이겨내고 마련해둔 원룸 임대아파트에서 시작하게 되었다. 결혼 후 아이를 낳기 전 전세로 살던 세입자에게서 연락이 왔다. 다른 곳으로 이사 가겠으니 전세금을 빼달라는 것이었다. 우리 부부는 고민 끝에 그 당시 살고 있던 원룸 보증금에 적금 해지를 해서 뺀 돈을 합해 전세금 1,500만 원을 세입자에게 돌려주고 13평 아파트에서 살기로 하였다. 이사는 갑작스럽게 진행되었고 새 건물 원룸아파트에서 낡은 건물 13평 아파트로 옮겨 살게 되었다. 그러다 보니 아파트 배관의 물소리와 외풍으로 인한 추위, 결로현상으로 인한 곰팡이 등 낡은 아파트에서 나타나는 현상은 다 경험할 수 있었다. 아내는 비록 낡은 아파트였지만 그곳에서 살림하며 첫째를 출산할 준비를 했고, 알뜰살뜰하게 살림해 매달 월급에서 일정 금액을 저축하였다.

그런데 출산하기 두 달 전부터 아내의 부종이 심해졌다. 동네의 작은 산부인과에서는 단순한 부종이라고 진단하여 짠 음식과 매운 음식, 물 등을 조절해서 먹어야 한다고 이야기를 했다. 그런데 아내의 몸은 전보다 더 계속 부어올랐고 숨은 가쁘게 차오르기 시작했다.

걱정된 아내와 나는 큰 산부인과에 가기로 했고, 그때 당시에 개정병원에 산부인과가 있어 그곳에서 출산 한 달 전에 진료를 받아보았다. 담당 의사 선생님께서는 부어오른 아내의 다리를 엄지손가락으로 눌러보더니 2cm가 들어가는 것을 보고 깜짝 놀라시며 '임신 중독증'이라고 하셨다. 그러면서 자연분만은 할 수 없으니 수술해야 한다고 말씀하셨다. 우리 부부는 청천벽력 같은 소리에 너무 충격을 받았다. '단순한 부종'이라고 했는데 '임신 중독증'이라니….

신혼 때 우리는 첫아이를 위해 많은 기도를 했다. 임신 중독증이라는 진단을 받았을 때도 아내와 나는 이 모든 것을 하나님께 맡기기로 하고 더욱더 간절히 기도하고 담임 목사님께 전화로 기도를 받은 후 제왕절개 수술을 받으러 병원으로 출발하였다. 수술하러 가기 전날 아내에게 물어봤다. 지금 당장 먹고 싶은 음식이 무엇이냐고 물으니 콩국수가 먹고 싶다고 하였다. 그래서 아내와 나는 동네 분식집에서 콩국수를 먹고 빵집에서 팥빙수를 사 먹었다. 예수를 믿으니 임신 중독증의 위기에서도 우리는 마음의 평안을 잃지 않을 수 있었다.

수술받기 전날 나는 아내가 걱정되어서 밤잠을 설쳤다. 그러나 아내는 마음이 편안했는지 수술하는 날 수술실에 들어가면서 '여보! 나 잘하고 올게요.'라고 말하며 환하게 웃음을 짓고 손가락으로 'V'자를 보여주었다. 그런 모습을 본 수술실의 간호사들이 "수술실에 들어가면서 저렇게 환하게 웃으며 V자를 보여주는 모습 처음 봐요."라고 하며 신기해했다. 그러나 수술 경과는 아내의 생각처럼 순탄하지는 않았다. 아기는 3.6kg의 건강한 몸으로 태어났지만, 아내가 출산 후 열이 40도를 넘어가고 시간이 지나도 떨어지지 않았다. 하룻밤을 꼬박 이마에 얼음팩을 계속 얹고 몸에서 수분을 배출하기 위해 이뇨제를 3,000cc씩 계속 투여해야 했다. 나는 아내의 그런 모습에 눈물이 앞을 가렸다. 밤새 고열로 시달리는 아내를 위해 처형이 한달음에 달려와 밤새도록 얼음팩을 갈아주고 입에 물에 적신 가제를 물려주면서 간호해주셨다. 그런 처형의 모습에 나는 너무 감동했다. 수술하고 이틀은 이뇨제 투여 후 소변량 체크, 열 체크 등 아내의 몸 상태를 꼼꼼하게 체크해야만 했다. 첫아이로 아들을 출산하고 아들 얻은 기쁨을 느낄 새도 없이 아내가 아파서 기쁨 반 두려움 반이었다. 다행히 아내는 서서히 몸이 회복되기 시작했다. 어머니는 며느리가 아프다는 소식에 차를 타지 못하고 집에서 발만 동동 구르실 뿐이었지만 아내가 회복되어 병원에서 퇴원하고 산후조리를 하러 어머니 댁으로 갔을 때, 첫 손자를 품에 안아보시고 너무나 기뻐하시고 감사해하며 눈물을 흘리셨다.

우리가 그때는 경황이 없어서 몰랐지만, '임신 중독증'은 자칫 잘못하면 사망에 이를 수도 있는 위험한 병이었다. 그 사실을 나중에 가서 알았다. 동네 산부인과를 신뢰하고 8개월까지 진료를 받다가 선택을 잘하여 큰 산부인과로 내원했던 것이 하나님이 주신 지혜였다고 생각한다. 그때를 생각하면 정말 감사하고 또 감사하다.

'나만의 절망 대처법'은 바로 삶 속에서 하나님께 매일 기도하는 것이다. 기도하면 우리의 삶을 인도하시는 분이 있다. 그분은 마음에 평안을 주시고 절대로 손해보는 일이 없도록 우리의 삶을 이끌어주신다. 그분은 바로 살아계신 하나님이시다.

"우리가 알거니와 하나님을 사랑하는 자, 곧 그 뜻대로 부르심을 입은 자들에게는 모든 것이 합력하여 선을 이루시느니라"(로마서 8장 28절)

05

하나님 제발
저 좀 도와주세요

나는 왜 하나님을 의지하고 싶은가? 어린 시절 길거리 생활하던 상황에서 모자원에 입소하게 되었다. 사회복지법인 장항모자원은 충남 장항읍 원수리에 자리 잡고 있으며, 모자 세대가 자립하기 위해 3년 동안 지원해주는 단체이다.

장항모자원의 뿌리는 장항 동부성결교회이다. 국회의원 김옥선 장로가 교회를 개척하여 모자원을 설립하였다. 그래서 우리 가정은 모자원에 입소하게 되면서 필연적으로 동부교회에 나가게 되었다.

그렇게 우리 가족의 신앙생활이 시작되었다. 처음에는 '교회에 왜 다녀?'하고 하나님이 계신지 안 계신지도 모르고 다니다가 도움을 주는 모자원이기에 당연하게 다니게 된 것이다. 초등학교 3학년 때 초등부 신앙생활이 시작되었다.

길거리에서 천막 치고 살던 우리 가족이 3년 동안 살 곳이 있으니 이것만으로도 너무 행복하지 않은가? 그렇게 감사했고 주위에서 손가락질해도 쉴 곳이 있어서 좋았다. 물질적으로 조금씩 형편이 나아지고 있어 당연히 감사한 마음이 들었다.

어린 시절, 나는 어머님 손에 이끌리어 절에도 다녀보고 점집과 남묘호랑개교도 가보았지만, 교회만큼 편안한 곳은 없었다. 교회는 나의 정서와 잘 맞았다는 생각이 든다. 나의 삶에 영향을 끼친 신앙의 선배는 누구인가? 모자원 설립자 김옥선 장로님, 지성천 담임 목사님, 신청 목사님 등 신앙 선배님들의 가르침으로 신앙이 무르익어 갔다. 신앙의 선배님들의 삶을 지켜보면서 나도 자라서 신학을 하고 싶다는 바람도 있었고 늘 낮은 자세로 성도님들을 이끌어가시는 모습을 보면서 존경에 존경이 더해졌다. 나는 신앙인이 되기 위해서 많이 노력했던 것 같다. 새벽예배를 100일, 200일 작정하여 다니고 기도원에서 3박 4일 동안 금식하고 기도도 하고 중고등부 시절에는 유초등부 교사를 하고 섬으로 전도 여행도 다녀왔다. 성경 읽기도 열심히 하고 소위 교회에서 말하는 방언의 은사도 받았다. 이렇게 내 인생에서 힘들고 어려웠던 청소년기를 무사히 버텨낼 수 있게 나를 받쳐준 것은 다름 아닌 신앙생활의 힘이었다.

보이지 않는 분을 믿는 것이 믿음이다. '이것은 볼펜입니다.'하고 사물을 가리키면 누구나 볼펜이라고 믿지만 보이지 않는 하나님을 믿으라 하면 모두 다 믿지는 않는다. 나도 신앙인으로 살면서 실수도 하고 때로는 힘들면 원망할 때도 많았다. 하나님이 계시면 나한테 왜 이렇게 힘들게 하실까? 의문을 던지면서 생활했다. 사람이라서 그렇다. 나는 성인군자도 아니고 평범한 사람이다. 넘어지고 쓰러지고 던져지면 다시 일어나 걸어왔다. 하나님 계신다고 믿는 신앙심이 있었기에 여기까지 왔다. 그런 믿음이 없었다면 벌써 나는 이 세상 사람이 아닐 것이다.

내가 자살하려고 마음먹었을 때도 하나님께서 먼저 나를 어둠의 구렁텅이에서 건지시고 이끌어주셨다. 그렇게 나는 주님을 따르는 삶을 포기하지 않고 이어나갔다. 주님을 떠나서 이렇게 살면 안 되는데 하면서 자책도 하고 이러다 크게 혼나겠다 하면서 반성도 많이 했다. 전에는 힘들고 지칠 때 '나는 왜 이렇게 살까? 왜 나만 이렇게 힘들까?'라고 생각하며 원망하는 말을 많이 했지만, 이제는 힘들고 지칠 때 나오는 소리가 있다. '주여… 주여… 주는 그리스도이시오 살아 계신 하나님의 아들이시니이다.' 하며 고백하고 또 고백한다. 이것은 나의 신앙 고백이다.

아내와의 만남을 계기로 군산 신광교회를 다니게 되었고 나의 신앙생활은 제2의 전성기를 만나게 되었다. 군산 신광교회는 영성이 충만하고 담임 목사님이신 오세창 목사님께서는 뜨거운 신앙의 선배님이셨다. 오세창 목사님은 신앙의 본을 보이시며 성도들이 신실한 믿음의 길로 걸어갈 수 있도록 이끌어주셨던 분이다. 한 사람도 빠짐없이 성도들의 속사정을 다 파악하시고 있어 목사님의 기도에는 성도들의 힘든 문제와 사정들이 다 담겨 있었다. 정말 닮고 싶은 분 중 한 분이셨다. 그분의 지도하에 믿음이 성장할 수 있었다. 가족의 일과 회사일 등 복잡해진 내 삶으로 인하여 신경이 예민하고 쇠약해져 자주 스트레스 속에 빠져 있던 나는 신앙생활을 하며 마음의 평안을 회복하기 시작했다. 몸과 마음, 영혼의 치유가 조금씩 일어나자 나를 바라보는 사람마다 '얼굴이 환해졌다, 얼굴이 좋아졌다.'라고 말하고, 내 몸과 마음의 변화를 주변 사람들이 다 알

정도로 나는 달라졌다. 사실 주일에 쉬지 않는 회사에 다니며 주일성수를 온전히 하고 신앙생활을 하기란 쉽지 않았다. 그래도 나는 틈틈이 교회에 가서 기도드리고 한참 성령이 충만할 때에는 교회에 기도실을 정하여 밤을 새워 기도할 때도 종종 있었다. 기도하면 마음에 평화가 찾아온다. 안팎으로 문제가 와도 '문제'가 '문제'시 되지 않았고 그토록 넘을 수 없었던 '산'은 '평지'가 된다.

이처럼 신앙생활을 하기 힘든 상황이었지만 내 처지와 환경에 맞추어 최선을 다하여 신앙생활을 이어갔다. 나는 교회 밖, 세상에서 놀기 좋아하는 체질이었지만 주일은 꼭 지키려고 노력했고 믿음 안에서 만난 성도들과 만나는 일도 귀하게 여겼다. 하나님을 알고 주일에 어디를 가면 마음이 편하지 않았다. 지금도 때때로 나를 지치게 하는 환경 속에서 자꾸 넘어지고 나 자신이 아직도 많이 부족하다는 것을 느끼게 되지만 그럴 때마다 나는 '하나님, 제발 저 좀 도와주세요!' 하고 기도하며 오늘도 용기 내어 살고 있다.

06

나는 모든 것을 포기하고 싶었다

나는 왜 모든 것을 포기하고 싶었을까? 어렵게 사는 것도 힘든데 나에게는 시련이 너무 많이 찾아왔다. 아버지가 안 계신 가정에서 내가 책임져야 할 일이 왜 그렇게 많은지 말이다. 차멀미가 심해서 대중교통을 이용하실 수 없었던 어머니를 대신하여 어린 시절부터 가까운 곳은 물론 장거리까지 집안의 친척 대소사는 내가 책임지고 다 다녀야 했다.

그러던 어느 날 어머님께 갑작스레 급성 허리 디스크가 와서 도무지 걸으실 수 없게 되었다. 평생을 차를 타지 못하고 걸어서 다니셨던 분께서 전혀 걷질 못하시니 마른하늘에 날벼락 같은 일이 아닐 수 없었다. 장항은 시골이라서 조금 큰 병원에 가려면 군산으로 이동해야 했다. 장항에서 군산으로 도선 배 10분이면 도착하여, 지금은 다른 곳으로 이전했지만, 도선장 옆에 도보로 조금만 가면 있었던 군산의료원으로 갔다.

그러나 택시를 타면 어머님께서 멀미하시기 때문에 걸어서 20분 거리를 내가 업고 달릴 수밖에 없었다. 군산의료원에 가서 검사했는데 수술밖에는 다른 방법이 없다는 결론이 나왔지만, 차도 못 타시고 겁이 많으신 어머님께서 수술은 절대 안 된다고 반대하셔서 난관에 봉착했다. 어머님을 설득하지 못해 답답한 심정은 이루 말할 수 없었다. 결국, 몇 날 며칠 설득 끝에 어머님은 디스크 수술을 하셨고 조금씩 회복하셨다.

성남에 사시는 누님께서 어머님 병간호를 위해 내려오셨는데 엎친 데 덮친 격으로 누님 아들이 갑자기 경기를 일으키면서 아프기 시작했다. 어머님 아픈 것도 힘든 상황인데 조카까지 아프다 보니 정신이 하나도 없었다. 나중에 진료를 받아보니 조카는 선천적으로 간질을 앓게 될 유전인자를 갖고 태어났다는 진단이 나왔다. 인생이란 그리 넉넉하지 못하다. 조금씩 틈만 나면 시련이 닥쳐오고 조금 편하게 살면 병이 오는 등

고난이 연속되는 삶이다.

그렇게 시간이 지나면서 어머님은 회복되셔서 정상적으로 일상생활을 하실 수 있게 되었고 조카도 정확히 병원에서 진단을 받은 후 치료를 시작하여 지금은 완치 판정을 받았다. 태풍이 왔다가 지난 우리의 일상에 그렇게 평화가 찾아왔다.

어느 날 모나미 시절의 이성 친구가 결혼해서 행복하게 살다가 주방에서 갑자기 쓰러져 뇌수술을 받았는데 영영 깨어나지 못하고 유명을 달리 했다는 소식을 들었다. 서로 편지를 주고받고 함께 놀러 다니기도 하고 추억이 많았던 친구였다. 함께 찍었던 사진들을 보며 그저 먹먹하고 슬퍼서 시간이 어떻게 지났는지 모를 정도로 계속 울고 또 울었다. 왜 이렇게 사람이 허망하게 간단 말인가? 그렇게 허망하게 좋은 친구를 떠나보내고 한동안 우울하게 생활했다.

사람은 참으로 독하다. 힘들어하고 못 잊을 것만 같았는데 세월이 약이라고 했던가? 친구의 죽음은 잊히고 또 씩씩하게 생활하게 되었다. 힘들지만 두산유리 회사에서 직장생활을 성실히 해나갔다. 함께 일하던 동료가 어느 날 야간 근무 퇴근길에 교통사고를 당했는데 안타깝게도 그 자리에서 하늘나라로 가게 되었다. 날씨가 추워서 살얼음이 언 도로를 급하게 운전하다가 자동차가 중앙선을 침범하여 상대편 자동차와 정면 충돌했다고 한다. 안전 벨트만 제대로 매었어도 살았을 텐데 정말 가슴이 아픈 일이다. 늦게 퇴근하는 날이면 장항에 데려다주고, 주말이면 함께 여행 다니면서 행복한 시간을 보냈었는데…. 가슴이 무너지는 아픔을 겪었다. 영안실에서 확인하라고 하는데 나는 도저히 확인할 수가 없었다. 지금 생각해도 가슴이 먹먹하다. 장례를 잘 치르고 왔다. 시간 될 때마다 내가 그 후배 집에 가서 위로해드리고 아들 노릇을 해드리고 싶었는데 내가 갈 때마다 울고 슬퍼하셔서 얼마 지난 후부터는 연락도 안 하고 인연을 아예 끊었다. 그렇게 하는 게 도리라 생각했다. 얼마나 힘들겠는가? 4대 독자 효자를 잃은 부모 심정을 어찌 다 헤아릴 수 있겠는가…. 자식을 먼저 보내면 부모의 가슴에 묻는다고 하지 않았던가? 인생을 살면서 가혹하게도 너무나 어린 나이에 아버님을 보내고, 성장하면서 이성 친구를 보내고, 가까운 회사 동료를 보내는 아픔을 겪어야 했다.

그렇다. 살다 보면 이런 사연이 많이 있다. 인생이 그렇게 호락호락하지 않다. 진짜 절망적인 일은 남동생으로부터 시작되었다. 동생은 정신

분열증, 요즘은 조현병이라고 하는 병을 앓고 있다. 조현병은 10대 후반에서 20대 나이에 시작되어 만성적 경과를 보이는 질환이다. 동생은 일을 저질러놓고 문제가 생기면 '모르는 일'이라고 잡아뗀다. 조현병에 걸린 동생은 자기가 일을 저질러놓고 그 상황을 기억하지 못한다. 정신적으로 혼란된 상태, 현실과 현실이 아닌 것을 구별하는 능력이 약화 되는 뇌 질환이다. 그래서 강제로 정신병원에 입원시켜야 한다. 그럴 때면 동생은 욕이라는 욕은 다하고 멀쩡한 사람 병신 만든다고 한다.

내 마음도 같이 병들어간다. 내 마음은 좋겠는가? 보호자 동의하에 철장이 있는 감옥 같은 폐쇄 병동에 입원시키는 내 마음도 정말이지 죽고 싶다. 동생이 입원과 퇴원을 반복하면 할수록 나의 몸과 마음은 병들어 갔다. 그 당시에는 나도 정상이 아닌 것 같았다. 내가 이 일을 언제까지 할 것인가? 내가 죽든, 동생이 죽든 해야 끝날 것 같았다. 동생의 일뿐만이 아니었다. 결혼 후 2년째 되던 해에 IMF가 터져 회사에서 구조조정을 한다고 반협박을 하였다. 매일 면담을 하여 자원해서 퇴직하도록 종용당했고 직장 동료끼리 서로 반목하며 '네가 그만두어라.', '나는 구조조정대상이 되고 싶지 않다.' 하며 서로 얼굴을 붉히기도 하여 그때 당시에는 회사에 가는 것이 너무나 힘겹고 나 스스로가 도살장에 끌려가는 소 같다는 생각이 들 정도였다. 그렇게 수개월 동안 안팎으로 나를 힘겹게 하는 어려운 문제들은 날이 선 검처럼 나를 찌르고 괴롭혔다.

나는 스트레스로 인하여 체중이 계속 줄어들고 밥을 세 숟가락 이상을 먹지 못하고 조금만 먹어도 체해서 소화제 없으면 살 수가 없을 정도로 힘들었다. 그래서 1년에 한 번씩 위내시경을 해서 위 건강 상태를 체크 해야 했다. 그러니 몸이 버틸 수 있었겠는가? 기운이 없어서 매년 마다 한약을 한 재씩 해서 먹고 몸을 보호해야 간신히 버틸 정도의 체력을 얻을 수 있었다.

너무 힘든 현실이었다. 밤마다 악몽을 꾸고 식은땀이 흐르고 머리끝부터 발끝까지 안 아픈 데가 없이 힘든 나날을 보내야 했다. '이렇게 살아서 뭐하나?' 차라리 나는 죽었으면 좋겠다고 생각했다. 그래서 하루는 아무도 없는 화장실에서 목매어 죽으려 했다. 그래야 끝날 것 같아서 독한 마음을 가진 것이다. 그러나 하나님과 사랑하는 가족, 특히 아직 어린 우리 아이들과 아내가 무슨 죄를 지었는가 하는 생각이 들었다. 더불어 그렇게 하면 안 되겠다고 다짐하고 그 시련을 이겨내려고 노력했다.

나는 모든 것을 포기하고 싶었다. 그러나 나는 포기하지 않았다. 나에게는 믿음의 약속과 사랑하는 가족이 있었기 때문이다. 나는 넘어져도 결코, 포기하지 않고 다시 일어나서 걸어가리라.

07

나의 시련은
가족을 통해 시작되었다

나는 왜 이렇게 힘들게 살아야 하는가? 늘 질문을 한다. 다른 사람은 다 행복하고 별 탈 없이 사는 것 같은데 왜 나만 힘들게 살까? 사랑하는 가족이 있기에 행복하다. 그렇지만 그 가족 때문에 힘들다. 그래, 인생은 참으로 힘든 것인가 보다. 어머님의 건강도 호전되고 조카도 치료를 잘 하고 지금은 모든 것이 평온한 것 같지만 인생이 늘 평온할 수는 없는 것 같다.

두산유리 직장생활도 조금씩 안정되어 가고 부도났던 원룸 문제도 해결되었다. 모나미 회사 다닐 때 운전면허 시험에 도전했다가 허리를 다쳐 포기했었다. 그래서 두산유리 회사 다니면서 운전면허 학원을 다시 다니게 되었다. 아침 일찍 식사하고 걸어서 금강 자동차 학원에 도착하여 운전 연습을 하게 되었다. 나는 자동차 학원에서 아내를 처음 만났다. 운전면허 시험에서 한 번씩 탈락의 경험을 맛보았던 우리는 같은 시기에 운전면허 시험을 보게 되어 이른 아침 직장에 출근하기 전에 매일 보게 되었다.

그러던 어느 날 신앙심이 깊었던 아내가 나에게 전도를 했다. 직장생활로 인하여 교회 생활을 잠시 멀리했던 나는 처음 만난 아내에게 과거 나의 신앙 이력을 줄줄 설명해주면서 마음을 열었다. 그런데 신기하게도 아내와 나는 살아온 환경이 너무 흡사했다. 아주 어렸을 때 아버지를 여의고 홀어머니 밑에서 갖은 고생을 하며 자라왔던 환경과 처지가 너무나도 비슷해서 신기하고 놀라웠다. 그래서 우리는 서로 공감대 형성이 잘 되었고 하나님이 맺어주신 자연스러운 만남이 이루어질 수 있었다.

그렇게 만남이 시작되어 연애하게 되었고 두 시간씩 걸어도 피곤하지 않고 행복했다. 그때 당시에는 '삐삐'를 사용하던 시대였다. '삐삐'는 호출기로 상대방에게 내 전화번호를 남겨 호출하는 방식이었다. 지금처럼 휴대폰으로 문자를 남기고 자유롭게 통화할 수 있던 때가 아니어서 함께 통화한다는 것은 아주 소중하고 귀한 시간으로 여겨졌다. 또한, 매일 편지를 주고받으며 서로의 감정을 전달하면서 이어간 아내와의 시간은 더 애틋했고, 짧은 만남이었지만 수년 동안 사귄 것만 같은 느낌이 들게 했다. 과거 모나미 회사에서 이성과 만남이 많이 있었지만 결혼할 인연은 따로 있는 것 같다.

어려서부터 많이 아팠고 허약한 체질이다 보니 장남만 아니면 혼자 살까 하는 생각이 많았다. 결혼해서 아내 고생 시킬까 봐서 말이다. 아내와 나는 운전면허증 발급 일자가 같은 날이다. 그런 인연이 또 있을까? 아내와 나는 결혼식을 올리게 되었다. 1996년 12월에는 춥고 눈이 자주 많이 왔다. 그러나 우리가 결혼하던 날 1996년 12월 28일은 봄날처럼 따뜻했다.

그런데 결혼식 전날 남동생이 밖에 나가서 술을 마시고 친구와 싸움을 하여 많이 다쳐서 병원에 입원하게 되었다. 모두가 축하하는 날, 가족으로서 함께 축하해주어야 하는 날에 동생은 그렇게 실망과 염려를 안겨주며 우리 가족 모두에게 근심을 안겨 주었다. 결혼식이 어떻게 시작하고 끝났는지 기억이 나지 않는다.

가족이란 무엇일까? 혈연으로 맺어진 가족이 있고 사랑으로 함께하는 가족이 있으며 믿음으로 맺어진 가족이 있다. 서로의 사랑으로 함께하는 가정은 시련이 있지만 행복하다. 사랑하는 가족이니까….

희망 가득한 신혼생활에 또다시 시련이 다가왔다. 여동생이 근무하는 수협에 비리 사건이 발각되었는데 비리의 주인공이었던 담당자는 동생의 직속 상관으로 은행 창구 직원인 동생에게 모든 죄를 덮어씌운 것이다. 그 결과 아무것도 모르고 순진하게 상사의 말에 순종하면 괜찮을 것이라고 철석같이 믿었던 동생은 충남 홍성 경찰서에 수감되었다.

지금 생각해도 참으로 어이없는 일이다. 창구 직원이 무슨 비리를 저지르겠는가? 상사가 하라는 대로 했을 뿐인 것을…. 그때 당시에는 결혼한 지 얼마 되지 않아 살림도 넉넉하지 않은 상황이라 우리는 자가용차도 없을 때였다. 아는 지인에게 부탁하여 자동차를 타고 군산에서 출발하여 홍성 경찰서로 향했다. 여리고 여린 여동생이 유치장에 수감 되어 있는 모습을 보니 가슴이 너무 찢어지고 분통이 터져 말로 표현할 수 없을 정도로 착잡함이 밀려와 눈물이 앞을 가렸다. 순진하게 상사를 믿고 있던 동생을 설득하는데 너무나도 긴박했다. 왜냐하면, 바로 다음 날 검찰로 송치된다고 했기 때문이다. 교회에 기도 부탁을 하고 계속 동생에게 사실대로 경찰에게 털어놓을 것을 종용했다. 결국, 동생이 마음을 고쳐먹고 사실대로 다 진술하여 다행히 동생은 유치장에서 벗어나게 되었다. 동생은 결국 그때까지 성실하게 최선을 다해 일한 첫직장이었던 은행에 사직서를 내게 되었고 그 후로 그 사건 때문에 마음에 상처를 가득 안고 슬픈 나날을 보내게 되었다.

그런 동생의 마음을 위로도 하고 생활에 변화도 일으켜보기 위해 우리가 사는 13평 아파트에 동생과 함께 생활하게 되었다. 군산에서 동생은 학원에 다니면서 전문대학교 유아교육과에 진학하게 되었다. 그렇게 조금씩 상처가 치유되어갔다. 좁은 아파트에서 몸은 고생스럽지만 서로 마음을 보듬어가고 생활했다. 사랑하는 가족이기에 가능한 일이다. 이제 생각해보니 동생도 고생 많았고 사랑하는 아내도 고생이 많았다.

남동생은 우리 결혼식 때에도 우리를 힘들게 했지만, 그 이후로도 끊임없이 크고 작은 사고를 일으켰다. 술 마시고 운전해서 남의 가게를 들이받아 거액의 합의금을 배상해준 일이 있었다. 병원에 담을 넘어 들어간 적도 있었고, 오락실에 들어가 잔돈 얼마를 가지고 나오고 그런 일로 인하여 경찰서에 가게 되어 동생이 일으킨 사고를 수습하는 데 내 귀중한 신혼 시절이 힘들게 지나갔다.

한번은 동생이 제주도에 가서 남의 집에 들어가 잔돈 얼마를 가지고 나오다 주인이 경찰에 신고해서 유치장에 수감되는 일이 있었다. 제주도는 관광특구 지역이라서 조그마한 죄도 엄하게 다루게 된다고 한다. 동생이 집을 나가 연락이 두절된 지 며칠 지난 상황에서 갑자기 제주도에서 집으로 연락이 왔다. 내 동생이 제주도 경찰서에서 교도소로 넘어가기 직전이라는 뜻밖의 불길한 소식이 들려왔다. '꿈과 낭만의 섬 제주도'가 '악몽의 섬'으로 바뀌었다. 힘든 살림에 어렵게 비행기 표를 구하여 제주도로 향했다. 제주도는 관광만 다녀왔지 무엇을 어떻게 해야 할지 너무나도 난감했다. 신혼 여행할 때 택시로 관광을 했었던 터라 다급한 김에 그때 당시 택시 운전 기사님께 연락했다. 고맙게도 공항에 나와주셨고 감사한 마음을 뒤로 한 채 경찰서 유치장으로 바로 출발할 수 있었다.

유치장에 수감되어 있는 동생을 면회했다. 나에게 미안해서 교도소에 가겠다고 했다. 그렇게 말하는 동생이 밉기도 하고 안타깝기도 했다. 어떻게 해야 동생이 구속되지 않게 빼 올 수 있을까? 속이 새까맣게 타들어 가는 것 같았다. 돈도 없어서 변호사 선임은 엄두도 낼 수 없었던 나는 사는 게 지옥 같았다. 일단은 다시 군산으로 돌아왔다. 동생이 어릴 때부터 병을 앓아오고 있었다는 진단서를 준비하고 동네 분들의 진정서를 받아 구속적부심 심사에 필요한 서류를 갖추어서 다시 제주도로 향했다. 서류를 내고 판사의 판결을 기다렸다. 차후에 두 번 다시 죄를 짓지 않겠다는 다짐과 함께 보호관찰 2년이 선고되었고 유치장에서 나온 동생과 함께 군산으로 향하는 비행기에 몸을 실었다. 군산에 도착한 나는 몸이 지칠 대로 지쳤고 힘들고 고통스러워서 동생에게 해서는 안 될 말을 해버리고 말았다. '제발 어디 가서 죽어. 내가 죽을 것 같다.'라는 말을 했다.

아버지는 계시지 않고 장남으로서 내가 모든 것을 짊어지고 감당하기에는 나를 짓누르는 고통의 무게가 너무 무겁고 말로 표현할 수가 없었다. 모든 장남에게 묻고 싶다. 장남이 무슨 죄를 지은 것인가? 내게 무슨 죄가 있는가? 어떻게 이런 일을 내가 다 떠안고 감당해야 하는지를 묻고 싶었다. 동생은 치료를 계속해야 해서 장항에 머무를 수 없었고 군산에

13평 아파트는 좁고 그래서 옆집에 전세를 얻기로 결정을 내렸다. 그렇게 여동생, 남동생, 어머님이 함께 지내게 되었다. 어머님께서 고생을 많이 하셨다. 젊어서 혼자되셔서 이제는 편하게 사셔야 하는데 자녀 된 도리로 생각하면 한없이 죄송하고 송구할 뿐이다.

나의 시련은 가족에서부터 시작되었다. 그러나 이제는 이 모든 것에 대해 원망하지 않는다. 시련은 스스로 나 자신을 단련하고 버틸 힘을 갖게 하여 나를 많이 성장시켰다. 나는 사랑하는 가족이 있었기에 다시 일어설 수 있었다.

'사랑은 오래 참고 사랑은 온유하며 시기하지 아니하며 사랑은 자랑하지 아니하며 교만하지 아니하며 무례히 행하지 아니하며 자기의 유익을 구하지 아니하며 성내지 아니하며 악한 것을 생각하지 아니하며 불의를 기뻐하지 아니하며 진리와 함께 기뻐하고 모든 것을 참으며 모든 것을 믿으며 모든 것을 바라며 모든 것을 견디느니라'(신약성경 고린도전서 13장 4절~7절)

I Learned Life Through Adversity

위기와 역경에서 인생을 바꾸는 절망 대처법!

2 장

모든 것이 무너지고 포기하고 싶었던 시간들

01

우울증에
빠지다

누구나 우울증에 빠질 수 있다. '우울증'이란 단어를 인터넷 포털 사이트에서 검색해보면 알 수 있는 주요 증상들이 있다. 지속적인 우울감과 의욕 저하, 흥미의 저하, 불면증 등 수면장애가 있다.

또한, 우울증의 증상은 식욕 저하 또는 식욕 증가와 관련된 체중 변화, 주의 집중력 저하, 자살에 대한 반복적인 생각, 자살 시도, 부정적 사고, 무가치감, 지나친 죄책감 등이 있다. 일상생활 기능의 저하, 학업 능력 저하, 휴학, 생산성 저하, 가족 갈등, 이혼 등 다양한 증상들도 우울증에 따른 증상에 속한다. 혹자는 우울증을 '마음의 감기'라고 표현한다.

나는 왜 우울증에 빠졌는가? 타고난 성격도 있겠지만 지독한 가난과 끊임없이 다가온 시련이 항상 떠나지 않고 내 주위를 맴도는데 내가 정녕 웃고 즐겁게 생활하기란 사치가 아닐까 생각했다. 그러면서 마음의 병이 깊어만 갔다. 모든 것에 흥미를 잃고 의욕이 없었다. 몸은 몸대로 종합병원으로 변해가고 있었다.

유명 연예인의 자살 사건이 TV 연예 뉴스에 나오고 있었다. 영화배우 이은주, 탤런트 안재환, 홍콩 배우 장국영, 재연 배우 여재구, 탤런트 정다빈, 가수 서지원, 김광석, 탤런트 최진실, 최준영 등 많은 연예인의 자살 소식은 그야말로 충격이었다. 이런 뉴스를 접한 일반인 중 '베르테르 효과'를 경험하게 되는 예도 있다.

베르테르 효과는 유명인 또는 존경하거나 선망하던 인물이 자살하는 경우, 평소에 우울증을 겪고 있던 사람들이 자살에 동참하는 현상을 말한다. 괴테의 소설 『젊은 베르테르의 슬픔』에서 소설의 주인공 '베르테르'는 약혼자가 있는 '로테'라는 여인을 사랑했다. 하지만 그녀가 자신의 사랑을 받아들이지 않자 깊은 실의에 빠지게 되고 결국 베르테르는 로테와의 추억이 깃든 옷을 입고 권총으로 자살하고 만다. 이 소설의 주인공인 '베르테르'의 자살은 오늘날 유명인을 모방하여 연쇄적으로 자살로 이어지는 '베르테르 효과'의 현상으로 설명되고 있다. 자살에 대해 누가 어떻게 단정하여 말하기란 어렵다. 누군가가 받는 고통에 대해 쉽게 비난도, 그 선택을 잘했다고 할 수도 없기 때문이다. 우리 사회가 무언가 잘못되어 가고 있는 것은 분명하다. 우리나라는 오랫동안 자살률 세계 1위라는 불명예스러운 타이틀을 달고 있다.

나는 두산유리 환경팀 근무를 하면서 이 일은 내 적성에 맞지 않는다고 생각했다. 늘 일을 하고 있어도 주변 사람을 많이 의식하면서 한편으로는 혼자만의 시간에 빠져 있었다. 그러다 보니 스스로 열등감에 빠지고 우울증은 날이 갈수록 더 증가했다.

내가 하는 일은 남자답고 용기가 필요하고 담력이 필요한 일이다. 그러나 나는 보통의 남자처럼 용기와 담력이 많지 않아 일할 때 능률은 오르지 않고, 직장 내에서는 '일 못 하는 사람'으로 낙인찍힌 것만 같은 마음으로 늘 자신감 제로의 삶을 살고 있었다. 상사는 누군가가 마음에 들면 그 동료만 칭찬하고 우수사원으로 추천하여 혜택을 주기도 한다. 그럴 때마다 나는 더욱더 작아질 수밖에 없었고 '아, 적성에 맞지 않는 이 회사를 언제까지 다녀야 할까?' 하고 의문을 던질 때가 한두 번이 아니었다. 그래서 가슴 한쪽에는 사직서를 품고 다녔으나 책임질 가족들이 많은 현실 때문에 적성에 맞지 않는 회사를 그만두지 않고 계속 다녀야만 했다. 그러나 그 후로도 오랫동안 내가 던진 의문에 대한 답은 찾을 수 없었다. 나에게 가족을 통한 시련과 회사업무에 대한 스트레스가 밀려오면서 더욱더 우울한 마음은 갈수록 깊어져만 갔다. 일상의 삶은 피폐해져 알코올이 없이는 밤에 잠을 이룰 수 없었고 불면증에 시달리는 날이 계속되었다. 그 결과 몸이 계속 마르고 식욕은 떨어져, 삶의 의욕이 상실되니 일에도 흥미를 느끼지 못하고 그저 가족을 책임져야 하는 의무감에 삶을 이어가고 있는 처지가 되었다. 내 가방 속에는 늘 소화제와 한약이 있었고 병원, 한의원 등 아플 때마다 이 병원, 저 병원을 안 다녀본 곳이 없었으며 해마다 위내시경, 양약 등 아픈 것을 치료하는 수단을 찾는 것이 내 삶의 중심이 되어버렸다.

어느 날 극심한 스트레스에 빠져 있던 나는 견딜 수 없어서 아내에게 털어놓았다. '나는 회사를 더는 못 다니겠어. 사직서를 내야겠어.'라고 말을 했더니 아내는 두산유리에서 못 버티고 퇴직하면 다른 회사에 가서도 같은 결과를 낳을 것이 아니겠냐 하는 말을 하였다. 아내가 해준 진심 어린 조언을 나중에 곰곰이 생각해보니 하나도 틀린 말이 아니었다. 그 일이 있고 난 후부터는 회사를 퇴직하겠다는 말을 다시는 하지 않았다. 퇴직하려면 업무 능력을 키우고 퇴직 사유가 되는 결과를 만들면 되겠다고 다짐했다.

어설프게 착한 사람이 마음의 병을 쉽게 앓는 것 같다. 평소에 자기의 생각이나 의견을 직설적으로 표현하는 사람에게 우울증이 잘 안 온다고 생각한다. 마음이 대범한 사람은 우울증에 걸리지 않고, 매우 소심한 사람이 힘들어한다. 그래서 나는 우울증을 극복하기 위하여 잠을 제때 자고 운동을 꾸준히 하고 자기 전에 휴대폰을 하지 않는 등 규칙적인 생활 습관을 가지려고 노력하였다.

나는 우울증이 찾아왔을 때, 아주 깊은 절망감에 빠져 스스로 나 자신을 가두고 '나는 할 수 없다. 사는 게 너무 괴롭다. 죽고 싶다.'라는 소리와 고백을 내면으로 매일 하며 살았다. 나는 실패한 인생이라고 확신하며 앞날에 대해 비관하며 일상생활에 만족하지 못하고 살다 보니 아내에게 자꾸만 불평불만을 자주 표출하게 되고 내 표정은 어둡고 감정 표현은 날카로웠다. 내 마음속에 죄책감을 자주 느끼고 자신에 대해 실망감을 자주 느꼈다.

힘들고 어려울 때 아무도 보지 못하는 곳에서 자주 울고 자신을 학대하며 살았다. 나는 화를 자주 냈고 다른 사람에게 관심이 없었으며 일할 의욕도 없었다. 내 몸은 늘 피곤하여 지쳐 있고 식욕은 떨어져 몸무게가 계속 줄어드니 삶에 활기가 없고 자신감도 없었다.

언젠가 인터넷에서 우울증에 관한 기사를 읽어본 적이 있었다. 우울증에 대한 스물한 가지 증상 중 열 가지 이상이 나타나면 전문의에게 진료를 받으라는 글을 보았는데 나는 스물한 가지 증상 중 스물한 가지가 다 해당하는 것 같았다.

누구나 우울해질 때가 있다. 아무 일이 일어나지 않았는데도 마음속 깊숙한 곳이 요동칠 때가 있다. 그렇게 시작하면 우울함은 또 다른 우울함을 불러온다. 헤어나올 수 없는 무기력한 기분이 들게 한다. 그럴 때 누군가의 위로가 필요하지만 나는 나만의 공간에 자신을 가두어버린다.

그렇게 나를 힘들게 했다. 어떻게 우울증을 걷어차고 밖으로 나갈 것인가? 세상으로 나갈 준비를 하자. 운동을 충족되도록 해본다. 웃음이 없지만 억지로 웃어본다. 책을 읽는 연습을 한다. 그렇게 나는 자유로운 삶으로 나와서 우울해하지 않고 행복한 하루가 되도록 노력했다. 이 노력은 앞으로도 지속해서 이어질 것이다.

02

나의 고통을 누가 알까?

나의 고통을 누가 알까? 가족이 있지만 혼자서 감당할 무게가 견디기 힘들었다. 공부도 썩 잘하지 못했고 타고난 체질 또한 건강하지 못해서 늘 약탕을 달고 살아야 했다. 무엇 하나 뚜렷하게 잘난 것도 없는 내가 살아가는 세상은 항상 외롭고 힘든 세상으로 느껴졌다.

어린 시절 죽을 고비를 많이 넘기고 살아왔던 내게 건강은 늘 해결해야 할 당면 문제이며 숙제였다. 몸무게가 47kg, 성인 남자로서 그렇게 마른 체격으로 사회생활 하기가 힘들지 않았겠는가? 더군다나 기능직이며 생산직에 가까운 관리직을 감당하기는 너무나도 힘들었다. 어린아이였을 때부터 나에게 그림자처럼 늘 따라다니던 말이 있다. '여자 같다'라는 말이었다. 나는 그 소리가 세상에서 제일 싫었다.

열 살 때부터 나는 두 살 여동생, 여섯 살 남동생을 돌봐야 했다. 또한 어머님께서는 생활고를 견디기 위하여 장사를 나가시고 밤낮으로 일하시니 누군가는 책임지고 집안일을 해야만 했다. 빨래, 식사 준비, 설거지, 청소 등등 부지런하고 깔끔했던 나는 깨끗하고 정갈하게 살림을 잘했다. 주변 사람들이 나에 대하여 '암 사내'라고 자주 말하곤 했다. 참 서글픈 이야기이기도 하면서 지금도 현재 진행형인 이야기이다.

중, 고등학생 때는 이성 친구보다 동성 친구들이 나를 많이 좋아했다. 나는 정말 여자같이 고운 얼굴에 몸도 많이 약해서 가느다란 몸매였다. 집안일에 몰두해 있던 내가 남자답게 활동할 일이 있었겠는가?

친구들은 자주 나를 껴안고 뽀뽀하고 이성으로 생각하는 친구가 많았다. 고등학교 동창회에 갔는데 오랜만에 만난 친구가 '너는 여자 같았었는데, 어떻게 결혼했어?'하고 물어본다. 참으로 어이없다.

살면서 너무나도 많이 들어 왔던 말이라서 크게 마음이 요동치지는 않았지만, 어렸을 때는 그렇지 못했다. 어린 시절 가끔은 누님을 만나러 서울 봉제공장에 찾아가면 나를 여동생으로 착각하기도 했다. 아니면 이런 소리를 한다. 서로 바뀌서 태어나면 더 좋았겠다고. 그런 소리를 들을 때마다 나는 언젠가 '내 얼굴에 상처를 내면 그런 소리를 안 듣게 되겠지, 그러면 더 나아지려나.' 하고 생각할 때가 많았다.

무심코 내뱉은 한마디 말이 누군가에게는 씻을 수 없는 상처로 다가가고 누군가의 인생에서 더는 듣고 싶지 않은 고통의 소리로 들려지기도 한다. 우리가 삶 속에 마주하는 고통은 참 다양하다. 금전적, 사회적으로 필요한 것이 생기기 마련인데, 생각한 것보다 부족하다고 생각하면 상실감에 빠지고 상대방에게 삶의 격차를 느끼게 된다. 또한, 인간관계나 자아에 대한 고통을 느끼기도 한다.

요즘은 1인 미디어가 대세인 것 같다. 집에서 틈나는 대로 자주 유튜브를 시청한다. 그러던 어느 날 나는 〈세바시(세상을 바꾸는 시간)〉에서 루게릭 환자의 남동생이 나와 인생 이야기를 강연하는 것을 보았다. 남동생이 누님을 간호하고 돌보는 가족 이야기를 듣고 나는 많이 감동해 울기도 했다. 유튜브를 보며 나는 '루게릭병'에 대하여 알게 되었다.

'루게릭병'은 '근위축성측생경화증'이라고 하는 퇴행성 신경 질환으로 원인이 정확히 밝혀지지 않은 희귀 난치 질환이라고 한다. 대뇌 및 척수의 운동 신경원이 선택적으로 파괴가 되기 때문에 '운동 신경원 질환'이라고도 하며 루게릭병은 한 야구선수의 이름을 딴 것이다. 루게릭은 2,130경기 연속 출장 기록을 보유한 야구선수로, 근위축성측생경화증 진단을 받은 후 2년 만에 사망하였다.

유튜브 채널 이름은 〈삐루빼로〉이다. 그 이야기를 듣고 보니 힘들고 괴롭다고 생각했던 나의 삶은 진짜 아무것도 아닌 것 같았다. 유튜브의 내용을 잠시 소개하고자 한다.

"내 몸은 점점 굳어가지만 나는 이제 슬프지 않다. 오랜만에 걸어보는 루게릭 환자의 특별한 주말 나들이. 내가 겪은 루게릭병 전조증상, 지금까지 병의 진행 과정과 현재 나의 몸 상태, 루게릭병 환자인 누나를 간호하는 동생 이야기, 나의 현재 심정. 점점 겪고 있는 일상 속 휠체어의 불편함. 3개월 만에 다시 입원했어요."

아래는 영상에서 공개한 루게릭 환자의 버킷리스트를 일부 정리한 것이다.

제주도에서 한 달 살기 : 바다가 보이는 전원주택에서 아무 생각 없이 보내고 싶어요.

승무원 되기 : 대학교 다닐 때 꿈이었어요.

스페인어 배우기 : 영국에서 스페인어 발음이 좋았어요. 넷플릭스 드라마 자막 없이 볼 수 있게….

마당이 있는 주택에서 살아보기

카페 운영하기 : 경치 좋은 곳에서 하루의 시작을 아메리카노로….

사후 장기 기증하기 : 꼭 이루고 싶은 마음으로….

11자 복근 만들기 : 건강관리 잘하며 몸 만드는 사람 유튜브로 보면서….

영어 회화 마스터하기

외국인 친구 만들기 : 고등학교 때부터 꿈꾸어 왔던 것….

비행기 퍼스트 클래스 타보기 : 유튜브나 다른 사람 보면서 대리 만족을 느껴왔지만, 꼭 타보고 싶어요.

루게릭병을 앓고 있는 환자분, 남동생, 어머님 등 어려움을 긍정적으로 잘 이겨내고 있는 가족들을 보면서 진정한 가족의 힘을 느낄 수 있었다. 그 이야기를 들으면서 가슴이 너무 아파서 눈물이 났고 '나는 행복한 사람이구나.' 하고 생각했다.

인간은 살아가면서 욕심 때문에 마음의 고통을 안고 살아갈 때가 있다. 누구나 내가 갖지 못한 것을 갖고 싶어 하는 욕망이 생기기 마련이다. 건강하지 못한 사람은 나와 내 가족이 항상 건강하고 행복하기만을 바란다.

유튜브에 나오는 가족의 삶과 나의 삶은 서로 다르다. 하지만 각자의 삶에 느껴지는 고통 크기의 크고 작고를 떠나 삶 속에서 희망, 절망을 모두가 다 느끼며 각자의 삶을 살아가는 것은 같다. 그런 고통을 누가 알아주기를 바라는 게 아니고 힘들게 살아가는 모습에 감동과 공감을 함께 한다. 나의 고통을 아무도 모른다고 생각하는 그 순간이 가장 외롭고 힘들 때가 있다.

어린 시절부터 청년 시절에 이르기까지 나는 정말 힘들고 고통스러울 때 하늘을 바라보았다. 밤하늘을 올려다보면 깊은 심연 같은 짙푸른 하늘 위에 수많은 별이 펼쳐져 있는 모습을 볼 때가 있다. 그 순간 수많은 별을 안고 있는 넓은 하늘 아래 있는 나는 정말 작고 보잘것없지만, 하늘의 수많은 별을 보고 남들이 듣지 않을 만한 크기로 소리 내어 울곤 했다. 아무에게도 뱉어내지 못했던 그동안 하고 싶었던 마음의 소리를 실컷 하고 울고 나면 나는 마음이 후련해진다. 아무도 나의 이 고통을 모르지만, 하늘이 알고 저 별들이 알고 있다. 그렇게 하고 나면 내게 닥친 고난을 이겨낼 힘이 생겨난다. 그래. 아무도 이 고통을 알 수 없지만, 하나님은 알고 계셔. '너는 이 고통을 잘 이겨내리라.'

'사람이 감당할 사람이 감당할 시험 밖에는 너희가 당한 것이 없나니 오직 하나님은 미쁘사 너희가 감당하지 못할 시험당함을 허락하지 아니하시고 시험당할 즈음에 또한 피할 길을 내사 너희로 능히 감당하게 하시느니라'(고린도전서 10장 13절)

03

기회는 역경 속에서 움튼다

사람이 살아가면서 역경도 오고 기회도 온다. 그렇기에 인생은 살만하다. 남동생의 조현병 발병으로 내 인생에 최대의 위기와 역경이 왔지만 난 절망하지 않으려고 노력했다. 그렇게 수없이 힘들다고 울며 체중이 47kg까지 감소한 탓에 내 몸 상태는 그야말로 걸어 다니는 종합병원, 최악이었다.

흔히 사람들은 아무런 근심과 걱정이 없이 행복하게 삶을 영위하기 바라지만 현실은 그렇지 않다. 때때로 어려움과 고통이 우리를 찾아와 낙

담하고 좌절하게 만들기도 한다. 고난이 없이 일생을 살아가는 사람은 없다. 고난과 역경을 만났을 때 어떤 사람은 역경에 굴복하며 역경을 운명이라고 받아들이고 내가 노력한다고 달라질 것 없다는 결론을 내리며 좌절하고 낙심한다. 고통을 견디지 못하고 끝내 자살로 생을 마감하는 예도 있다. 어떤 사람은 역경이 오면 원망한다. 왜 나에게 이런 고통과 어려움이 왔는가? 부모, 이웃, 나라, 세상의 모든 것을 원망한다. 반면 어떤 사람은 역경에 도전하고 극복하며 살아간다. '나에게 찾아온 역경은 이미 주어진 것이다.'라고 인정하고 주어진 현실을 그대로 받아들여 극복하고 오히려 성공의 디딤돌로 삼는다.

나는 어떤 사람인가? 맨 마지막에 해당한다고 생각한다. 힘들지만 나는 정면으로 부딪치고 극복하며 살아왔다. 운동을 좋아하지는 않지만, 운동을 꾸준히 해서 건강해지는 법을 알았고 제과제빵 학원에 다니면서 자격증을 취득했다. 3교대 근무로 일하면서도 전문대학교에서 사회복지학을 전공해 그동안 느낄 수 없었던 쾌감을 느끼기도 했다. 언젠가는 강사로 강단에 서고 싶은 소망도 생겼다.

역경을 이겨낸 사람은 누가 있을까? 위대한 철학자 소크라테스는 법정에서 이런 판결을 받았다. "이 자는 젊은이들을 타락시키는 죄인이다." 그러나 오늘날 소크라테스는 인류역사상 최고의 철학자로 평가되고 있다. 루이사 메이 올코트는 한 때 집안 식구들로부터 남의 집 식모살이를 하던지 바느질로 품팔이를 하라고 종용을 받곤 했다. 하지만 그녀는 포기하지 않고 작가의 길을 걸었으며 『작은 아씨들』이라는 불후의 명작을 남겼다. 베토벤은 바이올린을 다루는 데 매우 서툴렀으며 자신의 연주기술을 개선하기보다는 스스로 작곡을 해서 연주하기를 더 좋아했다. 베토벤을 지도하던 음악 교사는 그가 연주하는 것을 듣고서 훌륭한 작곡가가 될 소질이 전혀 없다고 잘라 말했다. 그러나 훗날 베토벤은 불후의 명곡을 남겼고 전국 각지의 예술의 전당에서는 베토벤의 교향곡이 울려 퍼지고 있다.

이렇게 역경을 이겨낸 사람들은 역사 속에서나 지금이나 좋은 평가를 얻고 있다. 한국을 예로 들어보자. 우리 한국의 축구선수 중 박지성 선수는 역경을 이겨낸 사람 중 대표적인 한 사람이다. 박지성은 축구선수를 하기에는 '평발'과 '단신'이라는 장애물이 있었고, 물질적으로도 풍요롭지 못한 가난한 집에서 태어났지만, 그 모든 악조건을 견디고 결국 한국을 빛낸 훌륭한 축구선수가 되었다. 지금까지 평발에 단신인 사람 중 축구선수를 꿈꾸었던 사람들은 아마 대부분 포기했을 것이다.

그러나 박지성 선수는 절대로 꿈을 포기하지 않았으며 평균 키보다 작은 체구로 자신의 단점을 장점으로 발전시켜 대한민국을 넘어 세계 최고의 선수들과 함께 어깨를 나란히 하는 선수로 이름을 날렸다.

코로나19가 장기화되면서 우리 회사는 사원들에게 경영난으로 구조조정을 하겠다고 선언하였다. 나는 5~6년 후면 정년퇴직인데 시련이 또 다가오고 있다. 회사에서 언급한 구조조정 건으로 인하여 나에게 다가오는 스트레스는 말로 표현할 수 없을 지경이다. 아직 다가오지 않은 미래에 대한 두려움, 가장으로서 책임져야 할 무게감 등 모든 것이 감당하기 힘든 현실이 되어버리고 말았다.

이렇게 나는 또다시 염려, 걱정, 두려움에 잠을 잘 이루지 못하고 있다. 모든 것이 욕심이라고 한다면 나는 더 할 말이 없지만, 이 일을 생각하면 도무지 안정되지 않고 이 세상 어느 곳에도 내 마음을 토로할 곳이 없다. 이 역경을 어떻게 극복해야 할까? 나는 마음이 다급해져서 노동조합으로 달려갔다. 집행부 간부에게 부탁을 해보았다. 우리 부서 3교대

없애지 말고 존속하게 해달라고 매달리듯 부탁하고 또 부탁했다. 그러나 노조가 개편되어 새로운 집행부가 세워졌다는 소식이 들려왔다. 나는 종전에도 그랬던 것처럼 모든 자존심을 다 내어버리고 또다시 새로운 집행부로 달려가 부탁을 해보았다. 남에게 굽혀 부탁하는 것을 싫어하는 나였지만 현실은 그런 나를 용납하지 않았다.

28년 동안 직장생활을 해오면서 자존심 버리고 이렇게까지 애원하기는 난생처음이다. 노동조합에서 간부나 대의원을 하라고 해도 신입사원 때 대의원 3년 하면서 받은 상처가 심해서 다시는 아무것도 안 하겠다고 다짐했던 나였다. 막상 나에게 구조조정의 날카로운 칼날이 다가오자 나는 회사 내에서 내 입지를 다지고, 어쩌면 이 어려움을 잘 막아낼 수 있는 방패가 될지도 모른다는 생각에 어쩔 수 없이 대의원을 하게 되었다. 지금까지는 노조 조합원과 집행부의 힘으로 구조조정을 막아내고 있다. 하지만 이렇게 해서 오래 버틸 수 있을까 하는 의문이 생긴다. 코로나19가 종식될 기미가 보이지 않고 회사가 더욱더 어렵게 되면 언젠가는 구조조정은 피할 수 없을 것이다.

그래! 위기와 역경은 새로운 기회이다. 삶 속에서 나에게 밀려오는 스트레스와 불안감을 해소하기 위해 나는 평상시 틈만 나면 책을 사서 읽곤 했다. 그러면서 언제부터인가 나도 살면서 꼭 내 이름으로 책을 써보리라 하는 간절한 소망이 생기기 시작했다. 인터넷 검색도 해보게 되었고 서울 송파구에 있는 책 쓰기 코칭 센터에 가서 면접을 보고 왔다. 코칭 비용이 결코 적은 액수는 아니었다. 아내와 가족에게 이야기해보았는데 이상하다고, 다단계 같다면서 가족 전체가 반대했다. 내가 생각하기에도 이상했다. 그렇게 포기할까 생각했다. 가족들이 도무지 긍정적인 반응을 보이지 않았다.

그렇지만 나에게 꿈이 있었기에 다시 검색을 시도해보았다. 〈한책협〉 카페에 가입하고 1일 특강을 두 번 듣고 바로 여기라는 생각이 들어 5주 강의를 등록했다. 혼자 좌절감에 빠져 등록비용도 걱정되고 인터넷, 카페 활동, 한글 타자 실력 등도 턱없이 부족해 모든 것이 염려스러웠다.

과제를 수행하면서 '이 길이 아닌데 나는 왜 사서 고생하는가?'라고 나 자신에게 물어보기도 하고, '글쓰기를 아무나 하는 것이 아닌데 내가 미쳤구나!'라고 생각하면서 고통 속에서 5주 강의를 듣던 중 3주 차 강의가 끝났다.

그때, 〈한책협〉 김도사님께서 출판사에서 연락이 왔다고 하셨다. 오후반 출근길에 들은 소식이다. 가슴이 두근거리고 말로 형용할 수 없는 기쁨이 솟아오르기도 하면서 한편으로는 걱정이 앞서기도 했다. 내가 잘 해낼 수 있을까? 출판사에서 연락이 왔다. 계약 내용을 보내왔다. 계약금 입금이 되었다. 갑자기 일어난 일이다. 힘든 시기에 역경 속에서 나에게 꿈이 생겼다. 그 꿈을 실현하기 위해서 조금씩 앞으로 나아가고 있다.

04

나는 장남을
포기하고 싶다

나는 왜 장남을 포기하고 싶었는가? 우리의 유교 문화는 예로부터 장남의 역할을 중요시해 장남의 어깨가 무척이나 무거웠다. 나 또한 가난한 가정에 태어나 가진 것 없어 많이 배우지 못했다. 회사 생활을 하느라 늘 지친 상태에 있었고, 무엇을 하며 어떻게 살아가야 할지 몰라 짊어진 삶의 무게가 무겁게 느껴져 힘겨웠다.

한국 사회에서 장남 노릇을 한다는 것은 무엇일까? 우선 부모님을 공경해야 하고 책임져야 한다. 제사를 지내야 한다. 성묘하고 벌초도 해야 한다. 가난했던 어린 시절 아버지는 일찍 돌아가시고 어머님께서는 생계를 이끌어가게 되었다. 2남 2녀로 내게는 누님이 계시지만 누님도 일찍 생활전선에 뛰어들었기에, 장남인 내가 살림도 해야 했고 동생들도 챙겨야 했다. 어머님께서 고생 많이 하셨다. 아버지 안 계신 빈자리를 채우느라 힘드신 몸과 마음에도 불구하고 돈을 벌어야 하는 현실 앞에 늘 바쁘고 고된 나날을 보내셔야 했다. 이런 상황에서 어려서부터 짊어진 장남의 무게가 무겁게 느껴졌다. 항상 먼저 가족을 생각했고 나를 먼저 내세울 수가 없었다. 무엇을 먹을 때도, 입을 때도 '가족'을 먼저 챙기고 그다음이 '나'였다.

누구나 인간은 자기를 우선시할 터인데 가족을 먼저 챙기는 것이 몸에 배다 보니 마음속에 있던 '내가 먼저'라는 욕망은 잠재의식 속에서 늘 꿈틀거리고 있었다. 중, 고등학교 시절에도 자유롭게 뛰어놀 수가 없었고 항상 가족이 우선이었다. 성인이 되어 직장생활 할 때도 어머님께서 고생하시는데 나만 놀러 가면 안 될 것 같아 자주 염려하고 틀에 박힌 생활을 하게 되었다.

나는 어려서부터 꿈이 하나 있었다. 그건 바로 '배우'가 되는 것이었다.

여러 사람에게 시선을 받는 것보다도 작품을 통해 다양한 인생을 살아가는 간접 경험을 하는 것이 나에게 매력적으로 다가왔다. MBC, SBS, KBS, 연기학원, 극단 등 다양한 곳의 오디션에 도전했다. 사실 지금에 와서 하는 말이지만 방송 3사는 아니었지만, 합격도 했었다. 그런데 모든 것에 돈이 문제였다. 서울에서 생활하려면 거주할 곳도 있어야 하고 생활비도 마련해야 했다. 유명한 배우가 된다는 보장도 없는데 장남인 내가 계속해서 그 일을 할 수 있을까 하는 물음이 항상 따라 다녔다. 그렇게 하고 싶었던 배우의 꿈도 장남의 무거운 굴레를 버리지 못하고 포기할 수밖에 없었다.

대한민국 남자라면 당연히 군대에 가야 한다. 아버지가 안 계신 가정의 장남은 신체검사 할 때 장남으로 집안의 생계를 책임져야 하기에 관련 서류를 접수하여 군 면제를 받을 기회가 생겼다. 남자들 세상에서 만나면 군대 이야기 빼놓으면 할 이야기가 없다. 친구들 만나면 나는 군대에 대해서 아무 말도 할 수 없었다. 군대에 대하여 뭘 알아야 이야기를 하지 말이다. 장남인 덕분에 군대에 갈 필요가 없었던 나는 사회생활을 하면서 신의 아들이라고 칭송받고 귀가 닳도록 들었다. 놀림인지 축복인지는 생각하기 나름이겠지만 나는 꼬리표처럼 따라다니는 그 말이 정말 싫었다.

조선 시대부터 우리는 유교의 뿌리 깊은 터전 위에 효도의 근본은 제사라는 것을 배웠다. 나는 교회에 다녔지만 전씨 집안의 어르신들께 어렸을 때부터 벌초와 제사를 배워왔다. 제사를 안 지내면 큰일이라도 날 것처럼 교육을 받아왔던 나는 장성해서도 꾸준히 집안의 제사를 지냈다. 그러던 어느 날 나는 제사를 안 지낼 것을 결심했다. 장남이 제사를 안 지내겠다고 말하고 그 결심을 실행하니 가족들에게 나는 '나쁜 놈', '근본이 없는 놈'으로 낙인찍히게 되었고 가족 모두 그런 나를 반대했다. 나는 한번 품은 생각을 다시 번복하는 법은 배운 적이 없다. 그렇게 결정한 다음부터 돌아가신 분은 잊고 살고 살아계실 때 최선을 다하여 효도하자고 가족의 분위기를 바꾸어나갔다. 원망도 반대도 한때이다. 지금은 제사를 지내지 않고도 아주 편안하게 생활하고 있다.

아버지가 계시지 않은 나는 무슨 일이 생길 때마다 두렵고 힘들었다. 아버지의 그늘에서 쉬고 싶지만, 현실은 늘 답답하고 안개 속을 걷는 기분이다. 모나미 회사 다닐 때 장남인 내가 힘들어서 상담도 하고 삶을 동행하고 싶어서 동료 한 분을 의형제로 삼았다. 집안의 크고 작은 일이 있을 때마다 의논도 하면서 기댈 수 있는 형님이 있어서 너무 좋았다. 그런데 모나미 본사 공장이 구조 조정되면서 모든 공장이 하청 업체로 이전하게 되고 의형제 맺었던 형님도 회사를 퇴사하게 되었다. 설상가상으로 한순간에 직장을 잃은 형님께서는 가장의 무게를 견디지 못하고 스트레스를 너무 많이 받아 급성 위암이 발병되었고 모든 장기로 암이 전이되어 수술도 할 수 없는 상태가 되고 말았다. 시한부 판정을 받으시고 3년 동안 힘들게 투병하시다 하늘나라로 가셨다. 마음의 의형제였던 형님마저 떠나고 나니 내 마음은 더욱더 공허했다. 때로는 '나는 아버지 복도 없는데 아버지 대신해서 형님 삼은 분마저 왜 이렇게 빨리 나를 떠나는 것인가?' 하며 누군가를 원망하고 싶었다.

나는 마음이 아픈 동생을 돌보면서 장남의 무게가 더욱더 무겁다고 느꼈다. 한 가정을 이끄는 중심에는 장남의 역할을 하는 사람이 분명 존재하기에 사회와 국가가 성립됨을 우리는 잘 알고 있다. 나 역시도 가난한 가정에, 홀어머니를 모시고 살아가야 하는 장남으로서 삶이 힘들어 포기하고 싶을 때도 있었지만 지금까지 잘 살아왔다. 나의 사랑하는 아내와 두 자녀가 내 삶의 버팀목이 되어주었기 때문이다.

올해에는 아들이 취업해서 어버이날에 용돈을 주기도 하고 얼마 전 내 생일에는 아들과 딸이 생일 축하를 하며 수제 케이크와 용돈을 선물해주었다. 케이크에 이런 문구가 쓰여 있었다. '우리 가족의 영원한 슈퍼맨, 생신 축하드려요. 사랑해요!' 케이크에 쓰여 있는 짧은 문장은, 계속되는 코로나19로 인한 불경기와 회사업무로 적잖은 스트레스를 받고 있던 나에게 힘을 주었다. 지금까지 장남으로서 힘들게 살아온 인생이지만 이 날은 나에게 그토록 소중하고 행복한 시간이었고 자녀 키운 보람을 더욱 절실하게 느낄 수 있었다.

나는 장남으로서의 위치를 포기하고 싶었다. 그동안 내 삶은 힘들고 고통스럽다며 원망도 했다. 그러나 훌륭하신 어머님과 가족이 있어 힘을 낼 수가 있었고 항상 감사한 마음으로 지금도 장남의 무게를 견뎌내며 열심히 살아가고 있다.

05

걸어도 걸어도 자꾸만 제자리

나는 자꾸만 걸어도 걸어도 제자리 인생이라는 생각이 든다. 나의 삶은 왜 그러는 것일까? 누군가는 본인 스스로 삶을 개척하고 스스로 알아서 자신의 역할을 잘 찾아서 감당하고 누군가는 자신의 삶에 멘토가 있어야 가는 길이 정해지고 빛이 난다. 내 인생에 '이렇게 살아야 한다.'는 가르침을 어머님께서 해주셨다. 어려운 형편의 살림에도 불구하고 어머님께서는 나에게 개인 과외를 시켜주셨고 책을 전집으로 구매하여 공부하라고 최선을 다하여 준비해주고 이끌어주셨다. 어머님께서는 사랑을 다 쏟아 나를 옳은 방향으로 이끌어주셨지만 나에게 맞는 멘토는 아니었다. '다른 집 애들은 공부도 잘하는데 너는 왜 공부도 못하고 왜 이렇게 나를 실망하게 하는지 모르겠다.'라며 나를 다그치시고 야단치셨다. 그럴 때마다 나는 상처를 많이 받았다. 노력해도 성적은 오르지 않고 내 마음에 깊은 상처만 남곤 했다. 공부에 늘 성과가 없고 제자리걸음만 하게 될 뿐이었다.

직장생활에도 흥미를 느낄 수 없었던 나는 어쩔 수 없이 일하다 보니 실수를 계속해서 하게 되고 반복되는 실수로 인하여 자존감도 떨어지고 일에 대한 자신감과 의욕도 상실되어만 갔다. 그 결과 회사에서도 내 마음에는 일할 의욕이 생기지 않고 상사의 지시를 잘 따른다고 해서 내 능력은 발휘되지 않는다는 생각에 늘 스트레스만 쌓이고 제자리걸음만 하는 일이 계속되었다. 멘토가 없는 삶은 늘 열심히 산다 해도 그렇게 늘 제자리였다.

직장생활뿐 아니라 인생을 살아가면서 멘토는 꼭 필요하다고 생각한다. 그러면 어떤 분을 멘토로 삼아야 할까?

첫 번째, 마음을 터놓을 수 있는 사람이 멘토가 될 수 있다. 내 마음속에 있는 생각을 전달해도 마음이 편안한 사람이다.

두 번째, 내 이야기를 잘 들어주는 사람이 멘토가 될 수 있다. 내 이야기를 차근차근 잘 들어줄 수 있는 사람이다.

세 번째, 인격적으로 내가 존경할 수 있는 사람이 멘토가 될 수 있다.

네 번째, 내가 잘되기를 진심으로 응원해주는 사람이 멘토가 될 수 있다. 내가 가진 장점과 단점을 정확하게 봐줄 수 있는 분이다.

나는 이런 멘토가 필요했다. 그리고 찾아보았지만 쉽지 않았다. 어머님께서는 아들이 잘되기를 바라고 사랑으로 키워주셨다. 그 마음은 지금도 감사하고 존경한다. 그러나 나를 잘 이끌어줄 수 있는 멘토는 어디에 있을까? 초등학교, 중학교, 고등학교 시절에는 어려운 가정 형편 때문에 내가 어떻게 하는 것이 잘사는 것인지 모르고 지냈던 것 같다.

고등학교 졸업하고 취업의 문은 높았고 힘들었다. 실습 나간 곳은 부도가 났고, 이후 하청 업체에서 일하거나 일당직, 신문 배달, 닥트공사 아르바이트 등을 해야 했다. 그처럼 내 삶은 걸어도 걸어도 앞으로 나아가지 못하고 자꾸만 제자리걸음을 하고 있었다. 결국, 나는 모나미 볼펜에 아는 분과 연이 닿아 그곳으로 취업을 할 수 있었다.

모나미 회사 입사 후 이틀이 지나 군산 한국유리에서 연락이 왔다. 정사원으로 취업하는 것이 가능하다는 것이다. 그 전에 일용직으로 아르바이트를 할 때 나를 좋게 봐주신 형님께 연락이 온 것이다. 하지만 모나미 회사에 입사한 지 얼마 되지 않았던 나는 나를 소개해준 지인의 체면도 있었기에 그 당시에는 모나미 볼펜을 당장 그만두고 다른 곳으로 옮길 수는 없는 상황이었다. 결국, 집과 가까운 곳이라 직장생활 하기에 좋았던, 나에게 왔던 좋은 기회를 놓치고 말았다.

그렇게 일하기 시작한 모나미 볼펜 회사는 20대 사회 초년병에게는 신선했고 새로운 경험을 하기에 좋은 직장이었다. 여사원이 많았고, 매주 등산을 하러 가고 롤러스케이트를 타러 가거나 나이트클럽도 자주 가곤 했다. 전국 각지에 모인 직원들과 사이도 매우 좋았다. 젊은 청춘의 내가 직장으로 다니기에 안성맞춤이었다. 별 힘든 일이 없이 직장생활을 이어갔다. 모나미 볼펜을 8년 다니고 퇴직할 때 한 달 동안 기숙사에 머물며 송별식을 하기도 했다.

모나미 볼펜을 퇴직하고 30년 가까이 되지만 지금도 연락하고 지내는 친구가 많다. 군산에 사는 모나미 사우와 모임도 하고 소중한 추억을 공유하며 지내고 있다. 그만큼 나에게 있어서 모나미 볼펜은 고향 같은 곳이었다. 모나미 볼펜은 경기도 안산 반월공단에 있었다. 세월호 참사로 안산 단원고등학교 학생들이 희생당했다는 소식을 접했을 때도 나는 남의 일 같지 않았다. 나는 시간을 내서 조문도 다녀왔다. 참 안타깝고 슬픈 일이었다.

모나미 볼펜 퇴사 후 군산에 있는 두산유리에 입사했다. 입사 후 직장생활이 내 적성에 맞지 않는 일이라고 생각하며 날마다 아무 생각 없이 삶을 이어갔다. 꿈도 없고 희망도 없이 내 삶은 제자리걸음의 연속이었다. 왜 나는 제자리인가? 정차역이 없는 기차를 타고 정처 없이 떠돌며 어디서 내릴지, 어떤 마음으로 기차를 탔는지도 모르는 채로 시간이 흘러갔다. 꿈도 없고 목적지도 없고 멘토가 없는 삶은 항상 제자리걸음이다. 나는 제자리걸음 인생을 어떻게 하면 벗어날 수 있을지 늘 고민하였다.

아침형 인간이었던 나는 아침 5시면 일어나 군산 월명산을 등산했다. 공기도 좋고 가볍게 운동하는 내 체질에 정말 좋은 운동이다. 건강도 좋아지고 행복한 마음을 늘 누릴 수 있어서 좋았다. 나도 사람인지라 어떨

때는 가기 싫은 마음이 생길 때가 있다. 그럴 때마다 나는 '내가 이래서는 안 되지.' 하며 나 스스로 채찍질을 한다. 아침 운동은 꾸준히 하다 보면 빠져나올 수 없는 아름다운 중독이 된다. 오늘 나는 일찍 일어나서 다시 걷고 있다.

제자리걸음만 하던 내 인생을 바꿀 수 있는 그 날이 오기를 꿈꾸며 살아가고 있다. 월명산은 계절이 아름답다. 봄에는 진달래와 개나리가 피고 여름에는 구절초가 하얗게 안개처럼 피고 가을에는 코스모스가 피고 단풍이 물들어간다. 겨울에는 눈꽃이 아름답게 피어난다. 산 가운데에 호수가 있어 너무 좋다. 예전에는 상수원으로 보호했다고 한다. 지금도 물이 맑고 깨끗하게 보존되고 있다. 잉어, 붕어, 자라, 오리가 자연스럽게 살아가고 있다. 마음만 먹고 집을 나서면 나를 반기는 아름다운 월명산에서 나는 희망을 찾고 휴식을 취한다.

걸어도 걸어도 자꾸만 제자리였던 내 인생에 함께 하는 자연이 있고 가족이 있어 행복하다.

06

아직은 무너질 때가 아니다

무엇이 무너질까? 누구나 인생을 살다 보면 몸도 마음도 지옥일 때가 많다. 왜 그럴까? 아버지께서는 간경화를 앓다 돌아가실 때 세숫대야로 피를 한가득 쏟으시고 돌아가셨다. 그때 나는 결심했다. 절대 술을 먹지 말아야겠다고…. 그러나 결심은 살아가는 동안 쉽게 무너지고 있었다. 사람 만나는 것을 좋아하는 탓에, 절대 술을 안 먹고 살겠다던 결심이 서서히 무너지기 시작했다. 한국 사회에서 남자들이 만날 때 술을 먹지 않으면 재미가 없다고 한다. 즐거운 일이 있으면 즐거워서 마시고 슬픈 일 있으면 슬퍼서 마시고 스트레스가 쌓이면 스트레스 풀려고 마시고…. 핑계를 댈 거리를 만들어 술을 마시기 시작했다.

술은 예로부터 어른께 바르게 배워야 한다고 했는데 아버지가 안 계신 가정에서 살아야 했던 나는 술에 대한 예법을 익히지 않고 술을 마시기 시작했다. 술은 조금씩 끊어서 마셔야 한다고 했던가? 술에는 장사가 없다. 술은 따라 주는 대로 마시다 보면 크고 작은 실수를 하게 된다. 어머니께서는 술 마시는 나를 정말로 싫어하셨다. 남편이 술 때문에 일찍 세상을 떠나 30대의 젊은 나이에 갖은 고생을 하면서 자녀를 양육하셨기에, 장남인 내가 몸도 약한데 술까지 마시고 집에 들어오는 모습을 보면 매우 실망하셨다. 그런 나를 원망하시며 듣기 싫은 소리도 심하게 하시곤 했다. 그런 어머니의 모습에 술에서 깬 나는 다시는 술을 마시지 않으리라 다짐하고 동료들에게도 술을 마시지 않겠다고 선언해봤지만 힘들고 스트레스가 가득 찰 때는 어쩔 수 없이 술잔을 들게 되는 생활이 반복되었다. 때로는 나 자신에게 실망할 때도 많아 그런 나의 모습이 밉고 원망스러웠다. 약한 몸에 술까지 마시니 몸은 몸대로 아프고 술에 취할 때마다 잦은 실수를 하게 되었다.

결혼 후에 교회에 다니면서 예전보다는 마시는 술의 양과 횟수가 조금씩 줄어들었지만, 삶의 시련이 계속될 때마다 술을 자주 마시곤 했다. 믿음으로 이겨내고 버텨야겠다고 생각했지만 내 마음과 내 생각대로 되지 않았다. 술을 마실 때마다 아내와 다툼이 생기고 아내는 내게 '제발 술 좀 드시지 마세요.' 하며 잔소리를 했지만 나는 계속 술을 마셨다. 부부간에 싸울 이유가 없었는데 술 마시는 것 때문에 부부 사이가 삐걱거렸다. 내 가정의 문제, 회사 문제로 오는 내 마음속 고통과 쌓이는 스트레스로 인하여 다시는 술을 먹지 않고 아내와 싸우지 말아야겠다고 생각했지만, 또다시 술을 먹게 되는 습관은 계속 되풀이되고 있었다.

나에게 많은 시련이 있었지만, 동생의 조현병은 지금도 가슴에 응어리로 남아 있다. 동생의 일은 앞에서도 언급한 바가 있다. 동생은 그간 크고 작은 문제를 지속해서 일으켜 우리 가족을 몹시 힘들게 하고 걱정을 끼쳐왔다. 그중 제주도에서 일어난 일을 지금도 생각하면 그때의 힘들었던 감정들이 고스란히 내게 남아있는 것이 느껴진다. 아무 연고도 없는 곳에서 동생이 저지른 사고를 해결하려 하는데 도무지 어떻게 어디서부터 문제를 해결해야 할지 막막하기만 했다. 문득 제주도로 신혼여행으로 택시 관광을 할 때 알게 된 기사님이 떠올랐다. 지푸라기라도 잡고 싶은 심정으로 전화를 했다. 마침 기사님께서는 흔쾌히 내게 도움을 주시기로 하셨다. 동생의 일을 해결하려 경찰서 유치장을 비롯하여 이곳저곳 다니면서 함께 도와주신 은혜는 지금도 생각하면 정말 감사하고 그 고마움에 눈물이 흐른다. 제주도에서 동생의 문제를 해결하기 위해서는 변호사를 선임해야 하는데 내 형편으로는 변호사를 선임할 수도 없었다. 또 동생이 구속되지 않도록 구속적부심 신청을 해야 하는데 어떻게 진행해야 할지도 몰랐다. 차근차근 마음을 다잡고 내가 노력하면 해결할 수 있다는 믿음을 가지고 서류를 준비했다. 그동안 병원 기록을 조회하고 진단서를 준비하고 동네 주민들에게 진정서를 준비하여 제주도로 출발했다. 낭만의 섬 제주도는 보통 돈을 모아서 계획을 짜고 신혼여행이나 가족여행을 하거나 친구들과 힐링을 하러 가는 곳인데 나는 동생이 저지른 문제를 해결하려 제주도를 내 집 드나들 듯 다닐 수밖에 없었다. 참으로 안타까운 일이 아닐 수 없었다.

그렇게 구속적부심 심사를 위해 서류를 제출하고 심사를 받았다. 동생은 다행히 24개월 동안 감시와 재발 방지 교육을 받아야 한다는 선고 공판을 받았다. 그 덕분에 동생은 제주도 유치장을 나오게 되었다. 어렵고 힘든 싸움이 일단락 정리되었지만 내 옆에 있는 동생이 그토록 원망스럽고 미울 수가 없었다. 그 당시 내 심정은 세상에서 나 혼자만 힘든 것 같아 하늘이 무너지는 것 같았다.

아들 형제만 있는 직장 동료가 있다. 그중에 첫째가 마음의 병을 안고 태어났다. 아픈 아이를 양육하며 산다는 것은 참 힘든 일이다. 아파트 생활하며 층간 소음 문제도 발생하고 학교생활 문제도 있어 내가 보기에도 힘들어 보이는데 가족은 얼마나 힘들까? 그러나 그는 누구를 원망하지 않고 열심히 직장생활에 임하고 있었다. 그는 나보다 어린 동생이지만 많이 존경스럽고 볼 때마다 마음으로 응원해주고 싶다. 나만 힘들다고 생각했던 인생이지만 주위를 살펴보면 역시 힘든 상황에 놓여 있는 사람들이 아주 많이 보인다. 나는 그런 모습을 볼 때마다 '다른 힘들게 사는 사람들도 저렇게 누구 하나 원망하지 않고 잘 이겨내는데, 그래! 아직은 무너질 때가 아니다!'라고 되뇌어보곤 한다.

내 주변에는 술을 자주 마시는 사람들이 많다. 술을 마시는 사람들은 술버릇도 정말 다양하다. 술이 들어가면 평상시와는 달리 계속 웃는 사람, 술을 마시기만 하면 눈물을 흘리는 사람, 술이 들어가면 다른 사람에게 엉겨 붙어 정신을 차리지 못하는 고주망태도 있고 아주 폭력적인 언행을 하거나 괴팍해지는 사람이 있다. 나는 어떤 사람일까? 나는 스트레스받지 않으면 평소에는 조용히 술 마시고 잠을 자는 사람이다.

나는 '술을 멀리하는 방법이 무엇이 있을까? 나는 믿음의 사람이잖아? 성령 충만하면 술 생각이 나지 않겠지.'라고 생각하고 새벽예배를 다녔다. 아침형 인간인 나는 새벽예배에 다니기 위해 잠을 깨는 것이 어렵지는 않았다. 새벽예배에 다니면서 나는 조금씩 마음의 평안을 찾고 회복이 되면서 힘들어도 술 생각이 전혀 나지 않았다. 하나님의 말씀으로 내 마음을 채우는 삶이 되었다. '내 몸은 주님의 성전이다. 가려서 먹어야 한다. 그래, 나는 지금부터 고백하자.' 하며 금주를 하겠다고 다짐한다.

나의 아버지 하나님께서 나와 함께 계시고 내 평생에 나와 함께 하시겠다고 하신 그 말씀을 나는 믿는다. 내가 존경하는 어머니와 형제들, 나를 늘 바른길로 이끌어주는 사랑하는 아내와 두 자녀 아들과 딸이 있어서 나는 행복하다. 아직은 무너질 때가 아니다. 절대 무너져서는 안 된다. 힘을 내어 승리의 그 날까지 한 걸음씩 나아가자.

07

나는 나에게서 도망치고 싶다

마음도 여리고 몸도 약한 내 삶은 늘 가위눌림의 연속이었다. 꿈에서 악령에게 삼지창으로 가슴을 찔리며 두려워서 떠는 내 모습은 일상이었다. 꿈에서 늘 항상 공격당했다. 꿈에서 깨어나면 온몸이 땀으로 젖어 있었고 두려운 밤은 계속 이어져 잠을 푹 이룰 수가 없었다.

가난과 역경 속에서 나는 성장하였다. '나는 누구인가? 왜 이렇게 살아야만 할까?' 하며 나는 생각하고 내 인생에 물음표를 던지며 살게 되었다. 우울증이 찾아왔다. 삶의 희망도 없고 목표도 없었던 나는 몸이 약해서 병원이 내 집처럼 가깝게 느껴졌다. 의욕이 없는 생활은 계속되었다.

어린 시절, 집이 없어 길거리에서 천막치고 살 때 그 시절에도 몹시 힘들게 사는 사람들이 있었다. 거리의 노숙자분께서 천막으로 들어올 때도 많았다. 어린 나이지만 내가 지켜야 했기에 두렵지만 앞장서서 헤쳐나갔다. 모자원에서 생활할 때, 주위에서 보는 시선을 말로 표현하기 어려웠다. '아비 없는 자식', '근본 없는 놈' 취급하고 거지 보는 듯했다. 혈기 왕성한 어린 시절에 밖에서 얼마나 놀고 싶었을까? 나도 그렇게 살고 싶었지만, 생활은 그럴 여유가 없었다. 학교 다녀오면 집안 살림을 도맡아 해야 했다. 어린 동생을 돌봐야 했다. 생업에서 풀빵 장사하시는 어머님도 도와야 했다. 가끔은 '이 지겨운 생활을 언제까지 해야 할까?' 하며 현실에서 도피하고 싶었다. 그러면서도 어린 자식들을 버리지 않고 고생하시는 어머니 때문에 그럴 수 없었다. 가난은 참을 수 있었다.

내가 살던 그 시절은 우리나라 전부가 가난하다고 해도 과언이 아니었다. 그러나 선입견으로 나와 우리 형제를 보는 눈은 참을 수가 없었다. 아버지 없는 것이 죄는 아니다. 그렇게 소외된 생활이 힘들었다.

남동생의 조현병이 발병하자 나는 도망치고 싶었다. 강제로 입원시킬

때면 동생은 나를 보고 '나쁜 놈'이라며 갖은 욕을 했다. 나도 그러고 싶지 않았는데 어쩔 수가 없었다. 어머니 사시는 동네에서, 또 어디 가서 무슨 일을 할지 모른다. 입원밖에는 도리가 없었다. 쇠창살 가득한 감옥 같은 그곳에 동생을 두고 나올 때 나의 마음이 갈기갈기 찢어지는 고통을 느낀다. 이런 생활은 언제까지 해야 하는가? 누가 답을 주는 사람도 없다. 입원비도 감당하기 힘들었다. 한 달에 입원비가 80만 원 정도 했고 간식비와 기타경비도 감당해야 했다. 그때 당시 내 월급은 100만 원 정도밖에 되지 않았다.

어머니께서는 청와대에 편지를 쓰셨다. 가정 형편은 어려운데 동생의 입원비와 치료비를 감당하기 힘들었다. 그동안 어머니께서 풀빵 장사로 벌어놓으신 돈과 논밭은 동생이 아프기 시작하면서 합의금 등 사고처리 비용으로 사용해야만 했다. 어머니는 장항읍사무소에 가서 사정을 이야기했다. 하지만 기초 생활 수급자 신청을 해도 되지 않는다고 했다. 어머니는 고민 끝에 청와대에 진정서를 내시겠다며 당신이 살아오신 과정과 그간에 남동생이 저지른 크고 작은 사건 사고들을 구구절절이 눈물을 흘리며 써내려가셨다. 사실 우리는 어머니께서 청와대에 편지를 보내셨다는 사실을 꿈에도 알지 못했다. 어느 날 청와대 비서실에서 장항읍사무소로 전화가 왔다. 그동안 부단히 노력했어도 되지 않던 기초 생활 수급자 혜택이 바로 주어졌다. 정말 그때의 기쁨은 이루 말로 표현할 수가 없었다. 그때 그 일은 우리 가정의 가뭄이 깃든 땅에 내린 단비와 같았다. 어머니의 노력으로 내 동생은 지금까지도 단독으로 수급자로 생활하여 병원비를 감당할 수 있게 되었다.

어머님께서 항상 하시던 말씀이 생각난다. 할아버지께서 작은 부인을 얻으셔서 낳으신 자식이 7명이나 되고 아버지도 살아생전에 바람을 피우셨다고 말씀하셨다. 아들 중 한 명은 가문의 유산으로 바람을 피울 거라고 말씀하시곤 하셨다. 덧붙여 절대 그렇게 살면 안 된다고 누누이 말씀하신다. 어릴 때부터 들어온 말씀이다. 성인이 되어 모나미 볼펜에 다닐 때도 여러 명의 직원과 연애를 하다가 헤어져 '바람둥이'라고 소문이 났다. 두산유리 다닐 때도 아줌마가 만나자고 연락이 왔다. 사실 나도 마음이 끌릴 때도 있었지만 대부분 상대방이 나를 좋아할 때가 많았다. 노래방에 가서 도우미를 불렀을 때도 1시간 다 놀고 끝났는데 마음에 든다고 연락처 주면서 만나자고 한 적도 있다. 그러나 나는 단 한 번도 그 사람들하고 연락하고 만난 적이 없다. 지금에 와서 밝히지만 내 잠재의식 속에도 바람기가 많은 것 같다. 그러나 신앙생활과 어머님 말씀에 순종하면서 살아왔다. 만약에 예수를 믿지 않고 어머님 말씀에 순종하지 않았다면 내 삶은 좀 복잡해졌을 것도 같다.

나는 나에게서 도망치고 싶었다. 어떻게 어떤 방법을 통해서 나는 도망치고 싶었을까? 힘들다고 마음으로 행동으로 도망치고 싶었지만 나는 열심히 노력하며 살았다. 어디에 말을 할 수 없는 때는 일기를 쓰고 술도 마시고 하나님께 매달리기도 하고 노래방에 가서 마음껏 노래를 부르며 감정을 쏟아내기도 했다. 때로는 지인과 함께 여행하면서 우울증과 도망치고 싶은 욕망을 잠재우고 살아가고 있다. 현실은 항상 나와 함께 존재한다. 힘들다고 도망치는 사람은 실패한 인생이 된다. 넘어지고 또 넘어져도 다시 일어나는 오뚝이가 되어 성공자가 될 것이다. 누구를 위해서가 아니다. 나 자신을 위해서 다시 일어나고 행복한 미래를 위해 나는 도망치지 않는다.

08

나의 하루 가치는 얼마나 될까?

벼랑 끝으로 달려온 내 인생의 가치는 얼마일까? 지독한 가난과 병마와의 싸움에서 이기며 살아왔지만, 가슴 한편에 이런 마음이 있었다. '이렇게 살아서 뭐 하는가?' 그렇다고 무슨 좋은 일이 생기는 것도 아니었다. '흙수저…. 가난만 가득한 내 인생, 어떻게 하면 나의 가치를 만들어갈 수 있을까?' 물음표의 연속인 인생길에 언젠 꽃길이 열릴까 하고 되물어본다.

세상이 많이 좋아졌다. 초등학생에게 장래희망이 무엇이 될 것인지 물어보면 70~80% 정도의 답변이 '연예인'이라고 한다. K팝, K드라마, K영화, 한식의 세계화 등 그 중심에 대한민국이 있다. 1인 미디어 시대에는 '나'를 표현해야 한다. 나는 '유튜브'를 보며 새로운 지식을 접하고 있다. 유튜브에는 정보가 넘쳐난다. '나'를 드러내는 일, 이것이 요즘 '나'의 가치를 나타낸다. 평상시 '소극적이고 무슨 일이 있을 때 뒤에 숨어버리는 나는 가치가 없는 걸까? 어떻게 해야 나의 가치를 드러낼까? 적극적으로 나의 가치를 드러내는 것은 무엇이 있을까?'하고 고민하던 나는 SNS, 블로그, 유튜브 등을 보며 나의 가치를 발견하려 했고 지금은 책 쓰기를 하면서 나의 가치를 드러내려 하고 있다. '한 번뿐인 내 인생을, 나의 존재 가치를 발견하고 드러내 보이면서 나답게 살아가리라. 그리고 스스로 자기 자신의 존재 가치를 인정하자. '나는 충분히 가치 있는 사람이야. 나는 충분히 이 사회에서 인정받고 성공할 수 있는 능력을 지닌 사람이야. 나는 충분히 타인으로부터 사랑받을 수 있을 만큼 배려 깊고 인정 많고 착한 사람이다.' 하며 나 스스로 자신을 치켜세우고 용기를 준다. 그렇게 하면 그런 사람이 되는 것은 당연하다.

긍정적으로 생각하면 그만큼 더 긍정적인 사람이 된다. 긍정적인 사람은 긍정적인 인생을 만든다. 나의 가치를 만드는 일에 대한 도전은 계속

된다. 제과제빵, 요양보호사, 사회복지사 2급 등 여러 자격증을 취득하였다. 47kg의 약골에서 70kg의 건강한 체구가 되면서 내 몸은 건강해졌다. 무엇보다 자살 충동과 우울증에서 벗어나 건강한 마음의 소유자가 되었다.

무엇보다 나는 힘들고 어려운 시간에도 성실히 직장생활을 하였다. 올해가 28년째 근속이다. 25주년에는 퇴근길에 교통사고가 났다. 나는 출근할 때 통근버스를 타고 퇴근할 때에는 직장 동료의 차를 타고 퇴근하는 경우가 많다. 그날도 야간 근무를 마치고 퇴근하면서 동료의 차에 4명이 타고 퇴근하던 중에 큰길 사거리에서 큰 사고가 났다. 잠깐 의식이 흐릿한 후에 사고가 났음을 직감했다. 차 상태는 조수석 바퀴, 범퍼 등이 깨지고 휘어지는 등 아주 큰 사고가 났음을 남들이 봐도 알 수 있을 정도였다. 처음에는 놀라고 경황이 없어서 얼떨떨했으나 조금씩 옆구리에 아픔이 느껴지고 결국 가슴에도 통증이 오기 시작했다. 운전한 동료가 입원하자고 권했지만 괜찮다고 하고 집으로 갔다. 집에 있는데 계속 통증이 오니 몸이 아프고 힘들었다. 운전했던 동료에게서 빨리 입원하라는 전화가 와서 결국 택시를 타고 수송동 병원으로 가게 되었다. 처음에는 운전자에게 피해를 주는 것 같아서 입원하지 않으려고 했으나 몸 상태가 좋지 않아 입원할 수밖에 없었다.

내가 교통사고로 병원에 입원한 날이 근속 25주년 기념식이 있던 날이었다. 회사 동료가 상패와 금메달, 축하 꽃다발을 가지고 왔다. 정말 기쁘고 가슴이 뿌듯해지는 날이다. 남들이 어떻게 나에 대해 평가를 할지 모르지만 나는 성실하게 25년 동안 직장생활을 잘 유지할 수 있는 것에 대해 스스로 대견해하고 회사 동료와 가족에게 감사하고 무엇보다 하나님께 감사를 드리는 마음뿐이다. 5일 동안 치료를 받고 퇴원했다. 사실 교통사고는 치료를 잘 받는다고 하더라도 후유증이 있다. 치료를 꼼꼼히 잘 받아야 하지만 여러 가지 여건상 계속 일을 하지 않고 병원에 있을 수도 없어서 일찍 퇴원하여 통원치료를 하기로 하였다. 이게 현실이다. 가슴도 저리고 몸도 무거웠지만, 나에게는 삶의 무게가 있다. 출근하고 일하면서 내 아픈 몸도 조금씩 나아진다. 그것이 인생이다. 내 마음처럼 돌아가지는 않는다.

내게 주어진 시간을 잘 활용하고 아끼는 자가 자신의 가치를 높이는 사람이다. 내가 남보다 뒤처지고 있다고 실망하지 말자. 어제의 나와 오늘의 나를 비교하면서 더욱더 노력하는 모습으로 삶의 순간순간을 살아가자. 남들이 나를 낮게 평가해도 받아들이고 노력하자. 내 안에 숨겨져 있는 가치를 찾을 수 있도록 집중하고 노력하자. 나의 가치는 누가 지켜주지 않는다. 오직 나 자신만이 그 가치를 발견하고 높이 평가할 수 있다. 나의 가치는 오직 나만이 지킬 수 있다. 나는 나의 가치를 발견하고 지키는 일에 시간을 투자하고 차근차근 천천히 노력할 것이다. 나 자신을 더욱더 적극적으로 사랑하고 달려가리라. 하나님께서 내게 주신 나만의 달란트를 발견하고 내 체질과 재능에 맞게 노력하며 나의 가치를 드러내자. 성공한 사람들은 절대 현실에 안주하지 않고 꾸준한 학습을 한다. 성공한 사람들은 나만의 브랜드를 계발하여 활용한다. 나의 가치는 누가 만들어주지 않는다. 내가 발견해서 완성해가는 것이다.

나는 오늘도 노력한다. 나의 가치를 높이기 위해 도전한다. 기필코 성공할 것이다. 성공자의 삶을 살기 위해서 나를 사랑하는 일도 빼먹지 않을 것이다.

I Learned Life Through Adversity

위기와 역경에서 인생을 바꾸는 절망 대처법!

3 장

위기 뒤에는 항상 기회가 온다

01

간절하게
하나님을 만나다

직장이 3조 3교대로 쉬는 날이 없이 1년 365일 가동된다. 명절을 명절답게 쉰 적이 없었다. 그래도 나는 행복했다. 일할 곳이 있는 것을 감사하게 생각한다. 그런 내가 왜 간절하게 하나님을 찾고 만나게 되었는가?

계속된 시련 속에서 숨을 곳, 내 몸과 마음이 쉴 곳이 필요했다. 어렸을 때 모자원에 기거하면서 다녔던 교회이다. 세상을 살다 보면 내가 힘들 때 어쩌다 술 한잔하며 스트레스를 해소할 수는 있지만, 그것은 해결책이 될 수 없다. 내게 평안함을 주실 분은 오직 하나님뿐이시다. 하나님은 지친 나를 위로와 평안으로 인도하신다.

나에게는 외할머니가 두 분 계신다. 한 분은 어머님께 피를 나누어주신 진짜 외할머니이시고 또 다른 한 분은 마음을 나누어주신 분이다. 어머님의 고향은 충남 서천군 하금리이다.

당시 그 동네에 사시던 어떤 분이 아들만 넷이었는데 딸이 그리웠던 그분은 우리 어머님을 어여쁘게 보셨다고 한다. 자녀분 중 셋째 아드님이 어머님 소원이 무엇인지 여쭤보니 딸 하나 있으면 좋겠다고 말씀하셨다고 한다. 그러면 어떤 분을 딸로 삼았으면 좋겠냐고 다시 여쭈어보니 우리 어머님을 마음에 두고 계신다고 하셨다고 한다. 그게 인연이 되어 그분은 우리의 또 한분의 외할머니가 되셨고 우리에게는 외가가 두 곳이 생기게 되었다. 진짜 외할머니는 어머니 어렸을 때 일찍 돌아가셨다. 7남매 중 막내였던 어머님께서는 외삼촌 밑에서 성장하셨다. 어머님이 없이 어려서 외로이 성장한 나의 어머님께서는 큰 외삼촌의 자녀를 업어 키우며 갖은 고생을 다 하며 살았다.

나는 마음으로 맺어주신 충남 서천군 한산면의 외할머니댁에 자주 놀러 갔다. 외할머니의 네 아드님 중 첫째 외삼촌은 목사님이시면서 중학교 교장 선생님이시기도 하셨다. 둘째 외삼촌은 장로님, 셋째 외삼촌은 학교 관리 주임이셨고 막내 외삼촌께서는 학교 서무실 선생님으로 계셨다. 나는 한산에 있는 외가가 너무 좋았다. 예수님만 섬기는 가정, 늘 하나님이 함께하는 평안한 삶을 누리는 축복된 모습의 가문이 그렇게 부러울 수 없었고 내 삶에 있어서 존경과 흠모의 대상이었다.

한산의 외할머니께서는 나를 친손자 대하듯 해주셨다. 내게 잘못된 습관이 있으면 조언도 해주시고 잘 가르쳐주셨다. 혼날 일 있으면 자식처럼 손자처럼 혼내기도 하시고 꾸지람도 해주시면서 사랑으로 함께 해주셨다. 피를 나누어주신 외할머니의 사랑은 느끼지 못했지만, 한산의 외할머니께서는 극진하게 나를 아끼고 사랑해주셨다. 한산의 외할머니께서는 향년 85세에 주무시다가 편안하게 천국으로 가셨다. 지금 외할머니가 많이 보고 싶고 그립다. 그렇게 시작된 인연은 지금까지도 이어가고 있다.

나의 모든 삶의 발자취들은 캄캄한 어둠 속을 걸어가는 의미 없고 고통스러운 삶의 연속이었다. 우울증, 자살 충동으로 고통받을 때 나는 하나님의 음성을 듣고 다시 희망을 찾을 수 있었으며 지금까지도 나를 지켜주신 하나님의 존재를 깨달아 섬기게 되었다. 그렇게 간절하기에 하나님을 만날 수 있었고 하나님이 나를 사랑하시고 지켜주신다는 깨달음이 생기기 시작했다.

앞서 이야기했듯이 모자원 입소 후 자연스럽게 교회를 다니게 된 나는 신앙생활이 맞는 것 같았다. 새벽예배를 100일, 200일을 작정하고 빠지지 않고 드렸으며 기도 응답을 경험하기도 했다. 하나님께 간절히 기도하면 응답의 말씀을 주신다. '아들아! 내가 너와 함께 하리라'고…. 내가 지치고 힘들 때도 나의 마음을 드릴 수 있는 하나님 아버지가 계신다는 믿음을 갖고 있다. 나는 늘 고백한다. '주는 그리스도시오 살아 계신 하나님의 아들이시니이다.'라고.

광야와 같은 세상에 얼마나 많은 시험과 환란이 있을까? 생각지도 않았던 시험과 어려움이 다가오기도 하고 시련이 닥치기도 한다. 순간순간 마음에 염려와 걱정이 밀려오기도 한다. 우리의 앞길에 또 어떤 어려움이 다가올지 모른다. 그러나 분명한 것은, 하나님이 우리와 함께 계신다는 사실이다. 그리고 우리가 살아가는 모든 것이 다 하나님의 은혜임을 잊지 않아야 한다. 하나님의 은혜를 깨닫는 것이 믿음의 시작이다. 내가 오늘 이렇게 사는 것, 이런 축복을 받아 지금까지 살아온 모든 삶의 궤적을 되돌아보면, 전적인 하나님의 은혜가 있었음을 깨닫게 된다. 하나님께서는 나를 사용하셔서 가문의 저주와 제사 문제를 끊어내는 도구로 사용하셨다. 우리의 자녀 문제, 내 직장의 문제 등 모두가 다 하나님의 은혜가 아니면 살아갈 수가 없었다.

요셉은 형들의 시기로 인하여 많은 어려움을 당하게 된다. 캄캄한 구덩이에 빠지기도 하고 아무도 모르는 애굽 땅으로 팔려가 종살이를 하기도 한다. 그러나 그 모든 어려움 속에서도 하나님이 늘 함께하셔서 요셉은 형통한 자가 되었고 결국 애굽의 총리가 되는 성공자의 삶을 살게 된다. 우리는 삶 속에서 여러 가지 모양으로 어려움과 두려움을 느끼게 된다. 가정문제, 건강문제, 직장문제 등 헤어나올 수 없는 구덩이에 빠지기도 한다. 이렇게 암흑과 같은 구덩이에 빠져 허우적거릴 때 누구를 의지하게 될까? 세상 사람들은 기쁨과 위로를 받기 위해 술을 마시거나 마약을 하거나 여러 가지 쾌락을 추구하게 된다. 이것은 잠시일 뿐이지 영원한 안식은 될 수 없다. 하나님께서 나와 항상 함께하시기 때문에 하나님을 의지하는 것만이 유일한 길이다.

나는 믿음이 부족할 때면 가끔 한 번씩 두려움 속에 빠질 때가 있다. 그럴 때마다 하나님은 나와 함께하신다는 사실을 기억하고 고백한다. 나의 믿음이 부족해서 하루하루가 염려와 두려움을 가득했다. 나에게는 직장 업무의 캄캄한 구덩이가 존재한다. 내가 하는 일이 힘들고 하루하루 염려와 두려움 속에 살아가고 있지만 내 삶의 주권은 하나님께 있고 그분의 인도에 따라 여기까지 올 수 있었다. 지금 하나님의 은혜를 생각하면 감사와 기쁨이 넘친다. 누구든지 앞이 캄캄하고 두려움으로 가득 차거나 답답하여 앞으로 나아갈 길을 찾지 못할 때가 많다. 그럴 때 하나님을 간절히 찾고 만나면 마음에 평안함이 찾아오고 우리 앞에 쌓인 문제들은 더는 문제가 되지 않는다. 사람이 힘들어질 때 비로소 하나님과 함께하는 비밀을 깨닫게 되는 것 같다. 하나님 앞에 무릎을 꿇고 감사의 기도를 드린다. 하나님의 계획안으로 들어가는 길 그것이 하나님을 만나는 일이다. 간절하게 하나님을 찾으면 만날 수 있다.

02

하루에 한 번 마음의 매무새를 가다듬다

세상은 무대이고 인생은 소극이다. 가장 많이 웃는 자가 소극을 즐길 자이다. 우리 앞에 펼쳐진 무대가 코미디 같을 때도 있고 멜로 같을 때도 있다. 다시는 보고 싶지 않은 막장 드라마 같을 때도 있다. 고통스러운 순간에 잠시 웃을 수 있는 희극의 순간이 찾아올 때도 있다. 무대의 주인공인 나는 주어진 상황에서 절체절명의 순간에서도 위기를 벗어나고, 삶의 연극이 해피엔딩으로 결말이 날 때도 있는 것이다.

나는 힘들어도 하루에 한 번은 마음의 매무새를 가다듬으며 내 삶을 되돌아보는 시간을 가졌다.

그 첫 번째로 내 마음의 매무새를 가다듬기 위해서 내 몸의 건강을 위한 헬스클럽에 등록하였다. 몸이 약한 나는 운동을 꾸준히 해야 했다. 헬스클럽에서 운동하면서 삶에 의욕과 활기가 생기게 되었다. 아침형 인간인 내가 출근 전에 헬스클럽에서 규칙적으로 하게 된 운동은 나를 꿈꾸게 하고 삭막하고 활기가 없던 내 마음에 안식을 주었다. 날마다 운동을 하면서 기쁨이 넘치는 하루가 되었다.

두 번째 내 마음의 매무새를 가다듬기 위해서 책을 읽었다. 책은 힘들었던 내 인생의 한 줄기 빛이었다. 책은 내가 볼 수 없는 것을 보게 해주었고 '행복'이라는 긍정의 글자를 보게 해주었다. 이런 것이 진정한 '행복'이 아닐까? 그래서 자주 서점에 가서 새로운 책을 구매하여 읽어 내려가기 시작했고 나도 좋은 책을 출간하고 싶은 마음과 의욕이 생겼다.

내가 하루 한 번씩 마음의 매무새를 가다듬기 위해 했던 운동과 책 읽기를 통해 나 스스로 자존감이 생기게 되었다. 희망이 보이기 시작했다. 미래를 바라보는 꿈을 꾸기 시작했다. 나는 행복함을 느끼기 시작했다.

마음에 '여유'와 '풍요로움'이 생겨났다. 내 생활 속에 '긍정'의 에너지가 넘쳐흐르기 시작했다 그토록 지겹던 회사 일이 조금씩 좋아지기 시작했다. 넘어지고 절망의 벽에 부딪히는 순간에도 '희망'이 보이기 시작했다.

사실 회사를 매일매일 그만두고 사표를 내던지고 싶을 때가 많았고 희망도 목표도 없었는데 이젠 하나하나 일에 매듭이 풀리듯 일이 잘되어가고 나 스스로 일에 대한 욕심도 생기기 시작했다. 감사가 없고 불평만 많았던 내 생활에 감사도 넘쳐나게 되었다. 캄캄하던 내 인생에 '희망'이란 두 글자가 보이기 시작하면서 나는 아름다운 중독에 빠지게 되었다.

내 삶의 아름다운 중독은 무엇일까? 내 삶에서 쉴 수 없는 한 가지가 있다. 그건 바로 운동이다. 운동은 절대 쉴 수가 없다. 어느새 운동은 내 삶의 일부이며 아름다운 중독이 되어 있다. 또 하나의 아름다운 중독이 있다. 그건 회사를 걸어서 출근하는 것이다. 군산 구도심에서 발전한 나운동 아파트가 나의 집이다. 집 앞에 통근버스가 온다. 아침반은 오전 6시 5분에 집에서 나오고 오후반은 14시 5분에, 야간반은 21시 5분에 통근버스를 타게 되어 있다. 남들은 28년 다니면 다들 자가용을 타고 출근한다. 우리 집에도 자동차는 있다. 아내가 자주 쓰는 편이다. 나도 사람인지라 자가용 타고 출근하고 싶을 때도 있다. 하지만 남들에게 보여주기 위한 삶은 원치 않는다. 그리고 통근버스를 이용하는 것도 나쁘지 않다. 큰 버스를 타서 좋고 안전하다. 버스 안에서 휴식을 취하기도 한다. 어느 날, 걸어서 출근하고 싶어 집에서 19시에 출발을 하여 월명산 산책로로 향했다. 월명산 반대편 끝까지 가면 은적사라는 절이 나온다. 은적사 너머 산북동을 지나고 좀 더 걸으면 공단 방향으로 가는 길이 나온다. 때로는 차가 다니는 소리와 먼지가 앞을 가려 불편함도 있고 시끄럽기도 하지만 걷기에 아주 좋다. 그렇게 걷다 보면 공단에 있는 '유니드', 'OCI', '대상', '롯데주류'를 지나 우리 회사인 '동원 테크팩 솔루션'에 도착한다. 1시간 10분 정도 걸려 걷기에 아주 좋은 시간이다. 오후 8시 10분에 도착하여 샤워한 후에 휴게소에서 음료를 마시고 책을 읽는다. 운동도 하고 돈도 벌고 일석이조이다. 인생은 마음먹기에 달린 것 같다는 생각이 들었다. 내가 좋아서 하니 하나도 힘들지 않다.

석유 한 방울 나지 않는 나라에서 차를 몰지 않고 걸어서 출근하니 얼마나 좋은가? 걸어서 출근하는 내 모습에 누가 말을 한다. '궁상을 떤다.'라고…. 또 어떤 사람은 '대단하다'라고 말을 한다. 또 어떤 사람은 '미쳤다'라고 한다. 그 누구도 내 인생을 나 대신 살아주지 않는다. 내가 행복하고 건강하면 좋은 일이다. 남에게 피해를 주지 않으면 되는 것이다.

어느 날 서점에 들렀다가 하정우 배우가 낸 책을 보게 되었다. 책 제목이 『걷는 사람, 하정우』이다. 나는 얼마나 반가웠는지 모른다. 동기를 만난 것 같았다. 책을 구매하여 읽어보았다. 참으로 신기했다. 하정우처럼 모든 것을 가진 사람이 차는 놔두고 걷는다고 하니 대단한 사람이라는 생각이 들었다. 하정우는 발이 크다. 발 사이즈가 300mm이다 보니 신발을 구매하는 일이 쉽지 않다. 그렇지만 자신의 왕발이 좋다고 한다. 그래서 그렇게 매일 걷는 것일까? 책에는 배우로서 그가 걸어온 길과 두 다리로 걸어 다닌 길, 걸으면서 느끼고 변하게 된 이야기들이 상세하게 담겨 있다. 하정우는 『걷는 사람, 하정우』라는 책의 서문에 이렇게 기록하고 있다.

'사람마다 보폭이 다르고 걸음이 다르다. 같은 길을 걸어도 각자가 느끼는 온도 차와 통점도 모두 다르다. 길을 걸으면서 나는 잘못된 길은 세상에 없다는 것을 알았다.'

이처럼 '걷기'가 주는 선물은 대단하고 거창한 것이 아니고 내게 건강과 행복을 주는 소소한 일상이었다. 나는 일상생활 속에서 웬만한 거리는 차를 이용하지 않고 두 다리로 걷는 편을 선택한다. 걷다 보면 사색할 수 있고 걸으면서 '여유로움'을 경험하기도 한다. 두 다리로 걸어가면서 주변 환경을 바라보면서 내가 속한 곳, 내가 밟는 곳의 소중함도 깨닫게 된다. 내 삶은 소중한 것이다. 내가 속한 가정과 직장, 내가 밟는 모든 곳은 내가 존재하기에 존재할 수 있는 것이다. 그래서 감사하고 행복하다.

나는 헬스클럽에서 건강을 위해 운동을 하고 일상에서 걷기 운동을 꾸준히 해오고 있다. 이로 인해 얻은 삶의 활기와 넘치는 의욕으로 희미한 안개 속 같았던 내 인생은 미래가 분명하게 보이는 희망의 삶으로 변하게 되었다.

내 몸과 마음의 건강을 챙기며 하루에 한 번씩 마음의 매무새를 가다듬고 힘을 얻었다. 행복한 인생으로 가는 인생에서 한 계단 올라가기 위하여 나는 오늘도 열심히 노력하고 있다.

03

인생은 차근차근 나아가는 것

세상에서 아니 대한민국에서 살아간다는 것…. 금수저나 은수저도 아닌 흙수저인 내가 어떻게 살아갈 것인가? 성실하게 사는 것뿐 어떤 방법도 길도 모르는데 하루하루 차근차근 나아가는 수밖에 없었다.

두산유리에서 직장생활을 해오면서 인생의 멘토로 삼았던 상사 한 분이 계셨다. 키도 크고 인품도 좋으시고 바른 생활이 몸에 배어 타에 모범이 되시는 분이셨다. 회사에서 일하다 보면 잘 안 되어 난관에 부딪힐 때가 많은데 그럴 때마다 안되는 원인과 결과를 잘 분석하도록 조언을 해주시면서 지적해주시고 따뜻하게 상대방이 상처를 받지 않도록 도와주시기도 한다. 회사와 직원들 사이에서도 흐트러짐 없이 좋은 이미지로 올바른 길을 걸어오신 분으로 명절에도 부하직원들에게 먼저 선물을 주시기도 하는 아주 멋진 분이다.

IMF 금융위기로 회사에 어려움이 오자 회사에서 구조조정 대상자 명단을 작성하도록 촉구했을 때에도 꿋꿋이 소신을 지키시며 직원들과 힘든 일도 함께 모여 머리 맞대고 좋은 방법을 찾아 직원들에게 어려움이 닥치지 않도록 항상 솔선수범해주시는 상사였다. 운동 신경이 부족한 나도 족구를 했다. 존경하는 과장님이 함께 해주셔서 가능한 일이다. 모든 것이 힘들고 직장생활이 재미없던 내가 지금까지 28년을 근속할 수 있게 된 것은 과장님이 계셨기 때문이다.

나는 직장에서 환경과 관련된 업무를 하고 있다. 사실 내가 맡은 환경 관련 업무는 스트레스가 심하다. 환경 관리법의 테두리 안에서 관리해야 한다. 일하다 보면 예상치 못한 일이 자주 일어난다. 그럴 때마다 과장님께서는 흔들림 없이 평온한 모습으로 이끌어주시곤 한다. 회사에 근본적인 상사와의 갈등이나 동료 간의 엉킨 문제도 자연스럽게 풀어주신다. 나는 그런 과장님을 늘 존경하고 감사하게 생각했다. 그러나 과장님은 IMF 금융위기의 칼날을 피하지 못하고 결국 사직하게 되었다. 지금도 그때를 생각하면 너무 마음이 아프다. 회사에서 열심히 충성하시고 아랫사람에게 덕망 있게 잘 해주시던 분이 퇴사한다 생각하니 정말 속상하고 억울한 마음이 들었다. 세상살이가 내 마음대로 되지 않는다.

존경하고 좋아했던 나의 멘토, 과장님께서 그렇게 떠난 후에 나는 너무나 힘들었다. 주간 근무를 했던 나에게 새로운 업무가 맡겨졌다. 함께 일하던 동료가 주식을 하다가 기하급수적으로 불어난 채무를 감당하지 못해 그만 퇴사를 하고 말았다. 동료 퇴직 후 3교대 근무를 하라는 상사의 지시가 내려왔다. 회사에 입사 후 8년 동안 주간 근무만 했던 나에게 3교대 근무란 정말 힘든 일이었다. 갑자기 3교대 근무라니, 낮 근무는 괜찮은데 야간 근무는 정말로 힘들었다. 밤 10시부터 다음날 오전 7시까지 근무해야 하는 상황이었다. 나는 도살장으로 끌려가는 소처럼 꼭 죽으러 가는 것 같았다. 3명이 한 조가 되어 24시간을 나누어서 일하면 1년 365일 쉬는 날이 없다. 다람쥐 쳇바퀴 돌아가는 삶이 진심으로 행복했을까? 마음에 평안도 없고 건강은 극도로 나빠지고 있었다. 도살장 가는 마음으로 일하니 실수가 없을 수 있는가? 고난의 연속이었다.

회사에서 설비를 점검하다가 돌아오면 폐수가 넘치는 사고를 피할 수 없다. 대기 점검 중에는 계단에서 넘어져 안전사고에 노출되기도 했다. 환경 관리공단에서 실시간으로 관리하는 데이터가 초과되어 힘들었던 일이 많았다. 과장님이 퇴사하시고 난 후 부장님께서 전반적인 환경팀 관리를 하시게 되었는데 부장님은 본인이 가지고 계신 지식을 많이 가르쳐 주셨다. 회사업무에 관해서는 그 누구도 따라올 수 없는 노하우를 가지고 계셨다. 부하직원들에게 교육도 자주 보내주시고 공부하라고 격려도 많이 해주셨다. 일 처리가 제대로 잘되지 않았을 때는 꾸지람도 많이 해주셨다. 문책을 당할 때는 서운한 감정도 일어났지만 지금 와서 생각해보면 무척이나 꼼꼼하시고 마음이 좋으신 분으로 기억된다. 지금은 정년퇴직하시고 회사에는 계시지 않는다. 함께 일하며 격려해주시던 지난날이 그립다. 나를 이렇게 단단한 사람이 되도록 잘 이끌어주신 부장님께 감사한 마음뿐이며 늘 기억하며 성장할 수 있도록 노력할 것이다.

함께 일해온 동료 중 나에게 많은 지도를 해준 동료가 있다. 처음부터 함께했던 동료는 일에 욕심도 많았다. 늘 생각하는 것이지만 두산유리 환경팀 체질이었다. 일을 보는 눈이 확실하고 시야가 넓어 일에 대한 탁월한 안목이 있다. 그런 그가 항상 부러웠다. 동료 간에 처세술도 매우 좋아 잘 지내는 편이며 일을 매우 잘해 우수사원 상을 두 번이나 수상했다. 때로는 부럽기만 한 게 아니라 시기심도 있었던 게 사실이다. 누구나 사람은 인정을 받고 싶은 욕구가 있다. 인정받지 못할 때 자존감이 하락하고 일하기도 싫다. 인생에 마음을 비우는 일도 중요하다. 나에게 맞지 않는 옷을 강제로 입으려 하는 것은 결코 좋은 일은 아니다. 나답게, 나에게 어울리게 사는 법도 배워야 한다.

사람은 똑같은 옷처럼 태어나지 않는다. 잘하는 게 있으면 못 하는 것도 있는 법이다. 나에게 맞는 옷을 입고 멋있게 인생이란 무대에서 즐기면 된다. 걸어서 출근하면서부터 염려가 생겼다. 오늘도 걸어가야 하는데 발에 이상은 없는지, 발에 편한 신발은 더 구매해야 하는지. 발에 컨디션이 안 좋아지면 더 많이 걱정한다. 발 상태가 안 좋으면 쉬고 통근버스 타고 가면 될 텐데 말이다. 사람의 욕심이겠지. 운동은 중독이 되지 않으면 지속하기 어렵다. 긍정의 마음으로 생각하자. 걷기에 아름다운 중독이 되어 나는 행복한 마음을 가득 담아서 걸어서 출근한다.

04

나는 가족을 위해 수호천사가 되기로 했다

나는 왜 가족을 위해 수호천사가 되기로 했는가? 수호천사의 개념은 '개개인을 보호하고 인도하는 천사'이다. 가난하고 어린 시절부터 나는 나보다 가족을 먼저 챙기고 그다음으로 나를 위해서 살았다. 10살 때부터 시작된 살림남의 삶이 있었다. 밥하는 것은 기본이고 반찬을 만들기 위해 찬거리도 구매해야 했고 빨래와 청소도 했다. 예전에는 모든 빨래는 손빨래를 해야 했다. 요즘에 TV를 보면 살림하는 남자가 나오거나 남자 연예인들이 음식을 만드는 모습 등이 나오는 것을 자주 보게 된다. 그런 모습을 보면서 나는 공감하는 부분이 많았다. 그 어린 시절부터 시작한 살림남은 현재 56세이지만 지금도 여전히 살림남으로 살아가고 있다. 힘들지만 청소하고 빨래, 밥하고 음식을 요리하는 게 행복하다. '오늘은 가족을 위해서 무엇을 해야 할까?' 하는 생각이 늘 내 뇌리를 떠나지 않는다.

아들이 초등학교 때 축구에 관심을 가져 1년 동안 축구부에 가입하여 선수로 활동한 적이 있다. 우리 아들이 축구에 관심이 그토록 많았던 이유는 2002년 월드컵 때문이었다. 그래서 우리 집 가까운 곳에 문화초등학교가 있어 축구를 하기 위해 전학하기로 하였다. 1년 동안 축구선수를 하며 기본기가 다져졌다. 축구선수의 꿈을 키워주기 위하여 박지성 선수의 위인전 만화도 구매해서 읽고 축구용품도 넉넉하게 구매하여 사기를 북돋우어주었다. 그러나 축구선수의 길은 또 다른 험난한 길이었다.

TV에서 안정환 선수가 인터뷰하는 모습을 본 적이 있는데 어린 시절 배가 고파서 빵과 우유를 먹으려고 축구를 시작했다고 했다. 그러나 요즘은 축구선수 한 명 키우려면 많은 돈이 들어간다. 축구용품 구매비는 기본이며 월 일정 금액을 축구부에 내야 한다. 또한, 전지훈련을 하러 외지로 가면 특별회비를 별도로 납부해야 하고, 학부모들이 돌아가면서 간식과 식사 대접을 해야 하는 등 많고 적은 돈들이 계속 들어간다. 보호자가 매니저처럼 축구 경기할 때마다 따라다녀야 했는데, 대부분의 축구부 학부모들은 자영업을 하여 그 역할을 감당하기가 어렵지 않아 보였으나 우리 부부는 다 직장에 매여있어 우리 아들 경기하는 것을 보기가 하늘의 별 따기였다.

마침 아들 경기하는 날과 쉬는 날이 맞아 익산 배산공원 내에 있는 축구장에서 아들이 경기하는 모습을 볼 수 있었다. 정말 아들은 축구를 잘하는 것 같았다. 움직임도 민첩하고 공을 다루는 솜씨가 남달리 뛰어나 보였다. 그래서 우리의 형편과 사정은 힘들었지만, 열심히 아들의 뒷바라지를 하려고 노력했다.

그러던 어느 날 겨울철 전지훈련이 끝나고 돌아오던 날 아들의 입에서 축구를 그만두고 싶다는 말이 나왔다. 왜 그랬는지 물어보니 전지훈련이 너무 힘들어서 그랬다고 말을 한다. 물질적으로 쪼들렸던 우리 부부는 덥석 미끼를 물듯 아들의 말을 받아들였고, 아들은 축구부를 탈퇴하였다. 한편으로는 끝까지 격려하며 뒷바라지를 해주지 못한 부모가 되어버려 속상하고 아들에게 한없이 미안한 마음이 들었다.

하고 싶은 축구를 하지 못하게 된 아들은 무언가 스트레스가 많아 보였다. 중학교 때 사춘기가 와서 공부할 때 집중을 하지 못했다. 공부를 제대로 하지 못해서 인문계 고교는 진학할 수가 없었고 전문계 고교밖에 갈 수가 없었다. 그러나 군산에서 인지도가 낮은 학교는 갈 수가 없어 축구도 할 수 있는 전문계 고교를 알아보니 전주공업고등학교가 있었다. 아들에게 전주공업고등학교에 들어가 그곳의 축구부에 들어가면 어떨지 생각해보자고 권했더니 아들은 흔쾌히 수락했다.

아들은 군산에서 전주로 3년 동안 버스로 통학을 했다. 전주로 가는 버스를 타려면 집 앞에서 아침 7시 5분에 차를 타야 했다. 3년 동안 아침 6시에 일어나 6시 30분에 식사를 하고 차를 탔는데 한 번도 결석하지 않고 성실하게 학교생활을 하였다. 사실 아들은 차멀미가 있는 체질이었다. 그런데도 전주로 학교 가는 것을 마다하지 않고 학교에 다녔다. 축구 명문인 전주 공업고등학교에 들어갔지만, 막상 축구부 감독님을 만나보니 중학교 때 축구를 쉰 것도 문제이고 지금 축구부에는 실력이 좋은 친구들이 넘쳐난다고 말씀하시는 것이었다. 이미 우리 아들은 기회를 놓쳤고 축구부에 들어가고 싶어도 들어갈 수가 없었다. 아들이 얼마나 상심하고 아쉬웠을지 모른다. 그러나 아들은 내색하지 않고 담담했다. 아들은 축구는 취미로 하고 학교생활에 전념하기로 했다. 1학년 생활기록부가 우편으로 도착했는데 놀랍게도 담임선생님께서 아들에 대한 평가를 긍정적으로 해주셨다. '위 학생은 교우와의 관계가 좋고 친구들 간 감정에 휘둘려 나쁜 행동에 휩쓸리지 않는 학생으로 향후 어떤 직업이나 위치에 있든지 무슨 일을 하든지 잘 적응하고 미래가 밝아 보이고 기대가 됩니다.'하고 부모가 보았을 때 아주 기분이 좋은 내용을 적어주셨다.

그렇게 1학년 마무리가 되고 2학년을 지나 마침내 3학년 수험생이 되었다. 진로를 결정해야 하는데 아들은 선생님과 친구들의 정보도 듣고 아빠의 권유로 물리치료과로 가겠다고 결정하였다. 다행히 내신성적이 좋았던 아들은 수시로 원광보건대 물리치료과에 합격하였다. 의학 계열 전공과목이 어렵긴 했지만, 대학 생활을 잘 이어나갔다. 대학교 3학년이 되니 원룸을 얻어 자취하고 싶다고 했다. 처음에는 탐탁지 않게 여겼으나 다른 한편으로는 이해가 되는 부분이 있어 허락해주었다.

아들은 방학 때 우리 회사에서 아르바이트를 가끔 하게 되었다. 회사 직원들에게 아주 착하고 성실하다고 칭찬이 자자하다. 아들에 대한 좋은 평판을 듣던 나는 아버지로서 아들 잘 키웠다는 소리에 정말 기쁨을 느꼈고 감사했다. 회사 사람들이 시간이 많이 지난 지금도 아들 잘 있냐고 안부를 물어보시곤 한다.

코로나19로 경제적 불안이 찾아왔다. 가장으로서 아들의 취업에 대한 염려가 많았다. 그러나 그건 기우였다. 아들은 졸업 이전에 바로 병원에 취업이 되었다. 요즘 같은 힘든 시기에 취업이 빨리 되어 정말 잘된 일이다. 새 차를 구매하고 싶어 하는 아들의 왕성한 사회생활을 위해 현금을 지원해주고 차를 구매할 수 있도록 해주었다. 직장에 취업하고 차도 구매하니 이제는 어엿한 직장인의 모습을 갖춘 것 같다.

나는 어머니와 형제들, 사랑하는 우리 가족 아내와 아들, 딸을 위해서 열심히 생활하고 가족을 위해서 수호천사가 되기로 했다. 누가 시켜서가 아니고 내가 원해서이다. 진정한 마음으로, 내가 행복해하는 마음으로….

05

몸은 마음의 유리창이다

몸이 허약했던 나는 늘 약 단지를 끌어안고 살았다. 그런데 언제부터인가 나는 치유되어 있었다. 아내가 아침 식사를 정성스럽게 차려주면 나는 입맛이 없다며 한두 숟가락 먹으면 밥을 먹지 못하고 수저를 내려놓았다. 입맛이 나지 않으니 어쩔 수가 없었다. 그럴 때마다 아내에게 미안하다. 그렇게 생활하다 보니 살은 안 찌고 몸은 만신창이가 되어갔다. 말 그대로 내 몸은 종합병원으로 소화는 안 되고 늘 소화불량에, 관절이 좋지 않아 허리에 파스를 달고 살고, 소화제를 먹어야 하고, 치아가 안 좋아서 치과 치료도 받아야 했다. 몸무게는 갈수록 빠지고 내가 보기에도 중환자나 다름없었다. 그렇게 살다 보니 그냥 사는 게 늘 원망의 연속이었다.

부모님께 물려받은 재산도 없이 가난하고 몸은 안 아픈 데가 없으니 고통스러워서 내 입에서는 계속 부정적인 한탄과 원망, 신음이 섞인 소리만 흘러나왔다. 사소한 말이나 일에도 스스로 상처받고 벽 보고 울기를 반복하는… 그런 삶을 살았다.

회사 동료가 어느 날 자전거를 타자는 제안이 왔다. '나도 할 수 있을까?' 생각하고 산악자전거를 구하고 동료와 함께 출근길에 타고 퇴근하면서 타게 되었다. 함께 어울려 장거리 도전도 해보았다. 장거리를 자전거로 달리기에는 아직은 많이 부족했고 힘이 들었지만, 자전거 탈 때의 기분이 매우 좋게 느껴졌다. 그렇게 한 걸음씩 나아가면서 건강이 회복되고 행복해지는 연습을 하고 있다. 마음이 평온해지니 밥맛이 돌기 시작했다. 47kg 나가던 몸무게도 조금씩 늘어가고 있었다. '어라! 뱃살도 있네?' 그 동안에는 상상할 수도 없는 일들이 내 삶에서 일어나고 있었다. 요즘에는 꼭두새벽에도 입맛이 너무 좋다. 그렇게 입맛이 좋다 보니 이제 몸이 아파서 병원에 갈 걱정은 하지 않는다. 살이 많이 쪄서 배가 나올까 봐 걱정이다, 아니 배가 나와서 다이어트를 해야 할 정도이다.

밥맛이 없던 사람은 어디를 가도 많이 먹고 살쪄서 걱정이다. 함께 자전거를 타는 동생은 나에게 둘도 없는 회사의 동료이면서 마음이 많이 가는 동생이다. 내가 힘들고 어려울 때 그 동생을 통해 마음의 위로를 많이 받았다. 사람은 늘 좋은 일만 있는 것이 아니고, 엄마 뱃속에서 나온 형제도 마음이 안 맞을 때가 많은데 피 한 방울 섞이지 않았지만 서로 의견이 맞고 마음이 통할 때가 자주 있다.

사람은 사회적 동물이다. 인간관계 속에서 사람은 살아간다. 모든 인간의 희로애락은 사람과의 관계 속에서 이루어진다고 해도 틀린 말은 아니다. 친한 동생은 총각이라 미혼이고 전주가 집이어서 군산에서 생활한다. 출퇴근도 함께 했고 운동, 자전거 타기 등 일상이 함께 하는 생활이었다. 나는 결혼한 사람이어서 미혼자와의 활동에 제약이 많았다. 결혼하여 가정을 이룬 사람이 총각처럼 살 수가 없다. 아내와 아이가 있으며 가족과 함께할 일도 많다. 총각인 동생은 그런 나를 이해하지 못할 때가 많았다. 뭐 그렇게 가족의 눈치를 보면서 사냐고 한다. 총각이 가정을 이루고 사는 기혼자의 심정을 어떻게 알겠는가? 나보고 답답하다는 말을 자주 했다. 동생 때문에 웃을 때가 많았다.

남동생 때문에 힘든 시기에도 많은 위로가 되어주었다. 정말 감사한 동생이다. 이사할 때도 함께 해주었고 모든 일에 도움을 주고 싶었고 실제로도 많은 도움을 받았다. 동생은 어느 날 소개팅을 했다. 늦은 나이지만 결혼을 결심한 것 같다. 3교대를 함께 했었는데 연애하려면 3교대에서 일일 근무로 바꾸어야 한다고 한다. 처음에는 마음이 몹시 속상했다. 늘 함께 생활했는데 동생은 결혼을 위해서 일근, 주간 근무로 전환했다. 나는 한동안 혼자만의 홀로서기를 하기 위해 노력했다. 힘든 3교대 근무에 동생은 나에게 많은 힘이 된 것 같다. 마침내 동생은 결혼에 성공했다. 그동안 살던 23평 아파트를 리모델링 하고 신혼생활에 들어갔다. 늦은 나이에 결혼해서 아이도 빨리 나아야 하고 바쁘게 생활해야만 했다. 첫 아이 아들 낳고 둘째도 아들을 낳았다. 동생은 부모님이 물려주신 건강 체질이다. 내가 항상 부러워서 놀리는 말이 있다. '꿀돼지'라고 한다. 진심으로 부럽다. 체격은 키가 크고 듬직한 남자답게 생겼다. 결혼하기 전에 쌍꺼풀 수술을 단행했다. 그때는 얼마나 우습던지, 남자가 쌍꺼플 수술이라니…. 눈이 빨갛게 부어서 정말 우스꽝스럽기까지 하였다. 왜 성형했냐고 물었더니 눈이 작고 양쪽 끝이 날카로워서 부드럽게 보이려고 했다고 한다.

누구나가 자신만의 가치관과 부족함을 채우려는 욕구가 있다. 동생은 그런 욕구를 용기를 내어 실천했다. 지금은 자연스럽게 보인다. 내 이야기를 하자면 나는 내 눈의 쌍꺼풀이 싫었다. 여자 같다는 말을 하도 많이 들어서 정말 싫었다. 험악스럽게 보이도록 성형하고 싶은 생각도 있었다. 보는 사람마다 혹시 눈에 성형수술을 했냐고 물어보는 사람도 있다. 지금은 누구도 물어보는 사람이 없지만, 더 험한 이야기를 해도 그러려니 한다. 하리수가 한창 한국 연예계를 주름잡을 때의 일이다. 나보고 성전환 수술하면 남자들이 줄 서서 기다릴 거라고 하면서 수술하라고 권하기도 했다. 이런 것은 성희롱에 해당하는 것 아닌가? 나는 그런 시절을 견디고 여기까지 왔다.

동생은 아들 둘을 양육하면서 아이들 엄마와 행복하게 생활한다. 가끔 만나서 이야기를 나눈다. 예전에 혼자 생활할 때가 좋았다고 말한다. 지금의 결혼 생활도 만족하고 있다고 한다. 본인이 결혼하니 조금은 나의 마음을 알게 될 것이다. 나는 3교대로 근무하고 동생은 일일 근무, 주간 근무를 하기에 자주는 볼 수 없다. 그리고 아이들이 아직 어려서 육아에 동참하여 집안일도 도와주어야 한다. 회사에 마음을 다 털어놓을 수 있는 동생이 있어서 나는 행복한 사람이다. 동생과 나는 이 세상 떠나기 전까지 서로 함께할 동생이며 친구이고 동반자라고 생각하고 있다.

요즘에는 살을 빼기 위해서 열심히 운동하고 있다. 살쪄서 고민하는 내가 되어 있다. 살이 안 쪄서 고민할 때가 어제 같은데 말이다. 그렇게 나는 몸은 마음의 유리창이 되어 행복한 시간을 보내고 있다. 내가 느낀 것들을 모든 사람이 경험하는 날이 오기를 기대해본다.

06

오늘보다 나은 내일을 꿈꾸다

희망이 없어 보이는 터널을 계속 걸어가는 것 같았던 내 인생이 꿈을 꾸기 시작한다. 내가 꿈을 꾸기 시작한 그 첫걸음은 제과제빵 자격증에 도전하는 것이었다. 평상시 주방에서 음식을 만들며 요리를 자주 했던 나는 그 분야에 관심이 없지 않았다.

IMF 경제위기로 회사에도 어려움이 찾아왔다. 회사는 구조조정의 한 방법으로 직원들의 수당을 줄여 인건비를 절약하려는 방침을 내세워 부서마다 오버타임을 줄이도록 지시가 내려왔다.

어려운 시기에 그 소식을 듣고 스트레스도 많이 받았지만, 고민을 많이 해보고 이 난관을 어떻게 이겨나갈 수 있을지 여러 가지 방법을 모색해보던 나는 '위기는 기회다'라고 생각하고 제빵학원에 등록했다. 회사를 퇴직하면 내가 앞으로 어떤 직업을 가져야 할지 미리 미래에 대해 대비해야 한다는 생각이 떠올랐고 제빵학원에 다니기 시작한 나는 오래간만에 하는 공부라서 설렘 반 긴장 반으로 책장을 넘겼다. 나는 기회가 있을 때마다 책장을 넘기려 노력했지만, 나에게 책의 내용은 쉽게 들어오지 않고 낯설기만 했다. 나는 제과제빵 학원에 다니면서 이론과 실습을 병행하는 공부가 어렵고 두려웠지만 꿈을 꾸기 시작했다. 이론은 집중이 잘되지 않고 내 머리에 쉽게 들어오지 않아서 학원에서 한 공부를 집에서도 복습하였다. 실습할 때는 신기하게도 지루하지 않고 오히려 재미있고 활기가 흘러넘쳤다. 반죽이 발효되고 오븐에서 빵이 노릇하게 구워지는 모습을 보며 성취감을 느낄 수 있었다.

나도 열심히 배워서 자격증 취득하고 제과점을 오픈해야겠다고 결심했다. 그렇게 시작된 제과제빵 수업은 시간이 흐를수록 실습도, 이론 공부도 점점 힘들어졌다. 사실 회사에 다니면서 휴식을 취해야 할 시간에, 특히 야간에 3, 4시간씩 제과제빵 수업에 들어가고 이론과 실습 공부를 한다는 것은 많이 피곤하고 힘든 일이었다. 회사 일도 해야 하고 집안일도 돌봐야 하는 힘든 과정에서 깨달은 것이 있었다. 지금 내가 하는 일이 아주 좋은 직업이고, 일하고 있는 곳이 좋은 회사인 것을 알게 되었다.

이론 시험은 한 번에 합격했는데 실기는 만만치 않았다. 전주에서 시험을 봤는데 1차에 탈락했다. 사는 게 만만치 않았다. 그래서 나는 제과제빵 자격증을 따기 위해 시간이 날 때마다 개인적으로 돈을 치르고 실습을 따로 연습하며 열심히 시험을 준비하였다.

그렇게 시간이 흐른 후에 2차 실기 시험을 보았는데 다행히도 제과와 제빵 두 가지를 다 합격했다. 제과제빵 합격하고 자격을 취득하니 한 해에 자격증 2개를 취득했다고 노동부에서 격려금도 지급되었다. 지금까지 제과제빵 자격증을 취득하기 위해 그동안 고생했던 나에게 주는 상처럼 느껴졌고 오랜만에 가져보는 쾌감이었다. 그 덕분에 나는 자존감이 상승하였고 내 생활 속에서 긍정의 에너지가 용솟음을 쳤다.

인생을 살면서 오늘보다 나은 내일을 만들기 위해서 꿈을 꾸는 것은 행복이다. 희망이 있다는 것은 긍정의 에너지가 있다는 것이다. 한동안 나는 제빵학원에서 자주 빵을 굽는 실습을 했다. 자격증을 따고도 즐거움이 가득한 시간이다. 내가 무엇인가를 해서 결과물이 나온다는 것은 행복한 일이다. 자존감의 상승으로 행복했다. 빵을 만들어서 가족에게 나누어주고 회사 동료들에게 나누어주는 삶이 좋았다.

나이 먹어서도 배운다는 것에 고마움과 행복을 느낀다. 군산대학교 평생교육원에 등록하여 부동산 컨설팅을 공부하기 시작했다. 등록하면서 부동산이 무엇이고 어떻게 투자를 해야 하고 도시 개발은 어떻게 시작되는지를 배우게 되었다. 하나씩 배워가는 즐거움을 알게 되었다. 퇴근하고 피곤한 시간이지만 기쁘고 공부하는 것이 정말 좋았다.

부동산 컨설팅을 배우면서 군산시 발전에 대해서 알게 되었다. 도시계획안도 조금씩 눈을 뜨게 되었다. 주위에서 흘러나오는 개발정보도 듣게 된다. 앞으로 나가는 사람은 정보를 통해서 투자하고 부를 확장하는 것을 알았다. 나도 조금씩 접하고 나에게 맞게 투자하고 싶었지만 쉽지 않았다.

군산대학교 평생교육원에서 아내와 함께 미술 심리 치료사 공부도 했다. 아내와 함께 했던 공부는 심리를 치유하기도 하고 내 심리상태를 보여주기도 하면서 정신적으로 힐링이 되게 해주었다. 그동안 아이들을 양육할 때 '왜 이렇게 하지 못했을까 하는 후회도 생기면서 '앞으로는 아이들에게 이렇게 해야 하겠다.'라는 다짐도 하게 되고 아내에게도 잘해야 하겠다는 생각을 다시 한번 하게 된 소중한 공부 시간이었다.

오늘보다 나은 내일을 위해서 나는 시간 관리를 했다. 하루의 일과도 계획을 세우고 행동하였다. 일기를 쓰고 하루의 일과에 대해 스스로 평가하였다. 막연한 오늘을 보내기보다 더 나은 내일을 위해 한 걸음씩 실천하는 삶으로 다가가기 위해 노력한다. 꿈이 다가오는 순간은 누구나 알 수 없다.

언제 어느 곳에서 나에게 찾아올지는 아무도 예상할 수가 없다. 그러나 언젠가는 올 것이다. 아직 나의 꿈을 찾지 못했다면 이제 그 꿈을 발견하고 자신의 것으로 만들어야 한다.

시간은 꽁무니에 불붙은 화살 마냥 바쁘게 달음질치고 있다. 자신의 꿈을 찾아내어 꿈이 인도하는 곳, 용기와 희망과 신념의 세계로 떠날 수 있을까? 어떻게 해야 꿈을 찾아낼 수 있을까? 자기 인생의 전부를 바쳐서라도 이루고 싶은 것이 무엇인지 포착해내는 지혜가 있어야 한다. 꿈은 강렬하고 긍정적으로 그대의 마음을 이끄는 것이다. 긍정적인 것과 부정적인 것의 차이는 삶과 죽음 그 이상의 차이를 지니고 있다. 의도적으로라도 긍정적으로 마음을 끌어당기는 것들에게 관심을 집중해야 할 것이다. 꿈은 일찍 발견하고 찾아내어 간직하는 것이 좋다. 성급하고 조급한 마음으로 꿈을 찾기 위해 동분서주할 필요는 없다. 무엇이든지 급하게 서두르면 될 일도 어긋날 가능성이 높다. 꿈을 발견하는 것은 단지 시간에 달린 문제이다.

2002년도에 월드컵 당시 독일전에서 관중들은 '꿈은 이루어진다'라는 카드 섹션을 하여 축구 국가대표팀의 사기를 북돋우었고 여러 가지 부상으로 지쳤음에도 불구하고 선수들은 최선을 다해 경기에 임하여 드디어 승리를 쟁취하게 되었다. 2002년도의 1,500석의 관중석을 다 채워 카드 섹션을 했던 '꿈은 이루어진다'라는 그 문구는 10년이 지난 지금에도 나를 비롯해 많은 이들에게 아주 깊은 인상을 남기고 있다.

우리 모두에게는 자신의 마음에 딱 맞는 꿈이 주어져 있다. 강렬하게 자신의 마음을 이끄는 것이 무엇인가? 나는 오늘도 차근차근 배우고 발전시킨다. 내가 할 수 있는 가능한 모든 것을 가지고 오늘보다 나은 내일을 위해서 앞으로 나아가고 있다.

'희망'이라는 거대한 배를 타고 항해할 것이다. 그리고 기필코 성공할 것이다.

07

모든 것은 마음먹기에 달렸다

자살 결심을 하고 실행하려고 하던 차에 하나님의 음성을 듣고 다시는 그런 생각을 안 해야 한다고 결심했다. 인생은 힘들지만 진짜 마음먹기에 달렸다. 그 일이 있고 난 후에는 힘든 일이 있을 때 자살 충동은 있어도 실행에 옮긴 적은 없다.

시련 속에서 마음의 그릇이 더 커졌다. 긍정의 생각이 들기 시작했다. 가난해도 좋다. 조금씩 돈을 벌면 좋아진다. 건강이 나빠도 좋다. 조금씩 운동하면서 관리하면 좋아진다. 회사에서 하는 일이 힘들어도 좋다. 계속해서 하다 보면 능률도 오르고 좋아진다. 부정적인 생각은 버리고 긍정적인 생각으로 바꾸는 나를 보게 되었다.

'신은 용기 있는 자를 절대 버리지 않는다. 최선을 다할 때 우리의 삶에, 아니 타인의 삶에 어떤 기적이 일어날지 아무도 모른다.'라고 헬렌 켈러는 말하였다. 사람들은 흔히 '순간의 선택이 평생을 좌우한다.'라고 말한다. 이 말은 유명한 전자 회사의 광고 멘트로, '순간의 선택이 10년을 좌우한다.'라고 어구를 살짝 바꿔 사용되기도 하였다. 우리는 인생에서 중대한 선택의 순간이 올 때가 있다. 그럴 때 많은 고민과 두려움 속에 선택해야만 하고 그 사실에 괴로워하는 사람도 있고 선택의 순간에 많은 설렘과 기대감으로 가득 차 있는 사람도 있다. 자신이 선택을 잘 못 하면 모든 것을 망칠 수도 있다는 생각에 주저하기도 한다. 우리가 선택의 기로에 서 있을 때 어떤 선택을 하느냐 하는 것은 분명 인생에 큰 문제로 대두되어 영향을 미치기도 한다.

어린 시절 꼭 갖고 싶은 게 있었다. 고등학생 때 나이키 운동화를 신은 친구가 그렇게 부러울 수가 없었다. 가정 형편은 너무나 안되고 고가의 메이커 신발을 살 엄두가 나지 않았지만 나는 그 신발을 꼭 신고 싶었다. 하루는 내 운동화에 나이키 로고와 영문자를 매직으로 그려 신고 다녔다. 나 스스로 가짜 신발을 만들어서 신었다. 지금 생각하면 웃음이 나오고 어이가 없기도 하다. 얼마나 신고 싶었으면…. 손으로 그려서라도 메이커 신발을 신고 있다는 자기만족을 추구하고 있던 과거의 내 모습이 정말 순박했다고 여겨진다. 나는 메이커, 명품을 좋아한다. 사람들은 누구나 멋지고 좋은 것을 좋아한다. 어떤 사람들은 명품을 좋아하는 사람을 된장남, 된장녀라고 생각하기도 한다.

나는 사람이 기본적인 인품을 갖추고 지혜와 지식을 겸비하고서 명품을 입고 신을 때 빛이 난다고 생각한다. 개념이 없이 인품이 바닥인 사람이 명품을 입고 걸치고 신는다 한들 그 사람이 명품이 될까? 사람은 언행일치의 삶을 살아야 한다고 생각한다. 시장에서 구매한 5천 원짜리 옷도 제대로 입으면 명품이 될 수 있다. 모든 것은 마음먹기에 달려 있다. 세상사는 모든 것이 마음가짐과 생각, 행실이 어떠한가에 따라 달라질 수 있다.

지금도 마음 한 곳이 먹먹해지는 누님의 이혼은 가슴을 아프게 한다. 누님이 같은 동네 어머니 친구분 장남하고 어떻게 가까워졌는지 어느 날

시골에 와서 결혼하겠다고 한다. 사돈이 되실 어른께서 반대하셨다. 반대 이유는 우리 누님이 '여우'가 아니라는 것이다. 참으로 어처구니가 없는 이유이다. 우리 집에서도 그런 결혼은 하지 않았으면 했는데 집안의 반대를 무릅쓰고 둘은 아기를 갖고 결혼을 하게 되었다. 반대하는 결혼을 하고 사랑만 가지고 산다는 것은 힘든 일이다. 사돈께서 며느리가 마음에 들지 않는다고 우리 집에 와서 따지는 일이 자주 생겼다. 참으로 어이없는 일이다. 없는 살림에 어머님께서는 사랑으로 당신의 자녀를 양육하셨다. 몸과 마음을 다해 키운 자녀에 대해 와서 맘에 안 든다고 헐뜯고 따지는 일이 많아지자 우리 가족과 어머님이 속상해하는 일이 계속되었다. 신혼의 단꿈을 안고 사랑으로 두 사람이 사는 것이 결코 쉬운 일만은 아니었다. 아들을 낳고 경기도 성남에서 살게 된 누님은 매형이 하던 일이 잘되지 않고 크고 작은 실패가 거듭되어 힘든 삶을 살고 있었다. 급기야 살고 있던 집이 경매로 넘어갔다. 누님의 가족은 월세방을 얻어 이사해야 했다. 알콜에 찌든 삶을 살게 된 매형은 가족을 돌보지 않고 밖으로 돌고 거의 집에 들어오지 않다가 아예 집을 나갔다.

그렇게 수년이 지나 누님은 가정도 돌보지 않고 자녀 양육의 책임을 다하지 않은 남편에게 이혼을 요구했다. 매형은 완강하게 이혼하지 않겠다고 했고 결국에는 이혼 소송까지 가게 되었다. 결국, 법정에서 이혼이 결정되어 서로가 각자의 길을 가게 되었다.

어린 시절부터 고생 많이 하신 누님의 상황과 처지가 너무나도 안타깝고 가슴 아팠다. 가끔 조카에게 아빠하고 연락이라도 했는지 물어보면 절대 싫다고 한다. 얼마나 많은 상처를 입었으면 그런 반응이 나올지 가히 짐작이 가고도 남는다. 얼마 전에 사돈께서 하늘나라에 가셨다. 조카는 연락했는데 안 갔다고 한다. 매형의 소식도 들려왔다. 사고치고 유치장에 자주 간다고 한다. 마음이 아프지만 지금 와서 생각해봐도 이혼을 잘한 것 같다.

누님은 어린 시절부터 재봉 기술을 배워 우리 가족이 물질적으로 힘들지 않게 많은 희생을 해왔다. 지금 생각하면 그런 누님께 한없이 감사하고 무엇이든지 다 해드리고 싶은 심정이다. 누님은 나이도 많고 힘든데 지금도 성남에서 재봉 일을 하면서 긍정적으로 생활하고 계신다. 예전에는 매년 어머님 생신에 군산에 내려와서 함께 식사하고 며칠 묶고 가곤 하셨다. 지금은 코로나19로 몇 년째 못 보고 있다. 나는 그런 누님에게 마음으로 이런 감사편지를 한다.

'누님, 진심으로 감사합니다. 누님이 계시고 고생해주신 덕분에 우리가 살고 우리가 행복합니다. 누님, 아프지 말고 항상 건강하세요. 기회 될 때 꼭 보답하면서 살겠습니다.'

그렇다. 누님은 '힘들지만 모든 것은 마음먹기 달렸다'고 나에게 가르쳐주신 분이다. 어머님 병환 중에 아팠던 조카는 성인이 되어서 누님께 든든한 버팀목이 되어주고 있다. 조카의 간질은 완치되었다. 외롭게 성장한 조카가 잘 자라준 것이 정말 감사하다. 지금은 성실하게 직장생활을 잘하고 있다.

가끔 연예인이 삶의 무게를 견디지 못하고 자살로 생을 마감했다는 갑작스러운 비보를 들을 때가 있다. 자살은 정말 우리 사회에서 꼭 막아야 할 당면 문제이다. 유명 연예인, 정치인들뿐만 아니라 이 나라를 짊어질 젊은 인재들 역시 대한민국의 귀중한 자산이다. 우리, 모두가 존재함으로 이 나라가 발전하고 존재하는 것이다. 힘들어도 다시 한번 힘을 내어 어려움을 견디고 일어서야 한다. 과거 IMF 경제위기에 많은 회사가 도산하고 폐업하고 직장인들이 구조 조정되어 하루아침에 직장을 잃는 가슴 아픈 일들이 생겼었다. 실제로 나 자신도 한때는 직장 내에서 구조조정 위기에 몰리기도 했었다. 그 당시 정부는 경제위기를 극복하기 위한 해결책으로 금 모으기 운동을 시작하였고 많은 국민이 이 일에 동참하여 위기를 극복할 수 있었다. 지금은 코로나 시대로 경제가 최악의 상황에 놓여 도산 위기에 몰린 중소기업, 문을 닫는 자영업자가 속출하고 있고, 대기업에서도 경제위기를 극복하고자 인건비 삭감 및 구조조정의 칼날을 들이대는 탓에 많은 직장인이 위기에 놓이는 등 경제위기로 많은 사람이 어려움에 놓여 있다.

어렵다고 무조건 자신의 생명을 내려놓고 삶을 마감한다면 어떻게 되겠는가? 우리 사회가 마음속에 고통을 가득 안고 힘들어하는 사람이 많을 때일수록 그런 사람에게 관심을 두고 삶의 희망을 버리지 않도록 도와주어야 한다. 그래서 대한민국의 미래를 책임질 젊은 인재들의 삶이 자살로 마무리되지 않도록 노력해야 한다.

나는 내 삶이 힘들고 어렵다고 해서 삶을 포기지 않고 가난과 역경을 이기고 여기까지 왔다. 모든 것을 이길 수 있었던 힘의 원천은 바로 극복하고자 하는 마음의 자세였다. 모든 것은 마음먹기에 달렸다.

08

오늘은 두 번 다시
오지 않는다

스피노자는 '내일 지구에 멸망이 와도 나는 오늘 한 그루의 사과나무를 심겠다.'라고 말을 했다. 이 말은 오래전부터 들어왔던 말이다. 나는 내 주변에 어떤 일이 벌어지더라도 절대 흔들리지 않고 내가 하는 일에 성실함으로 변함없이 내 소임을 다할 것이다.

한번 사는 인생이며 하루하루가 모여서 1년이 되고 1년이 10번이면 10년이 되고 '10년이면 강산도 변한다.'라는 옛말이 있듯이 하루하루를 소중히 여기면 1년이 되고 1년을 소중히 여기면 10년, 10년이 모이다 보면 어느덧 한 사람의 일생이 되는 것이기에 나는 오늘도 하루하루를 소중히 여기며 살아가고 싶다.

코로나19로 우리 회사에도 경제 불황이 닥쳤다. 본사로부터 내려온 구조조정의 칼날은 우리 회사 사무직 직원에게 제일 먼저 다가왔다. 사무직원 중 상사였고 부장이었지만 가깝게 지낸 친구가 있었다. 함께 식사도 하고 모임도 하고 등산도 다닐 정도로 아주 많이 친하게 지내던 동갑내기 친구였다. 코로나19로 인건비 삭감을 위하여 구조조정으로 회사에서 퇴사하라는 통보가 내려왔다. 회사로부터 일방적으로 받은 처사이기에 매우 놀랍고 난처해하였다. 곁에서 지켜보던 나도 그 친구가 능력 있고 젊었기 때문에 구조조정 되리라고는 상상도 하지 못했다. 세상살이가 내 뜻대로 되는 게 없지만, 이번 일은 코로나19 사태만 아니었으면 생기지 않았을 일이다. 정말로 가슴 아프고 안타까운 일이다.

우리 회사 사택이 내가 사는 아파트에 있어서 우리는 더욱더 가깝게 지냈는지도 모르겠다. 가족들은 수도권에 있어 15년 동안 외롭게 회사 일에 열심히 매진한 결과가 자신이 원하지 않은 시기에 퇴직하게 되었으니 얼마나 당혹스럽고 난감했을지 겪어본 사람만이 알 수 있으리라. 가족과 떨어져 수년간 직접 식사부터 모든 것을 스스로 챙기고 갖추며 살았다. 회사에 충성한 결과 조기 퇴직이다. 아쉬운 마음이 많아 떠나기 전 만나서 함께 식사했다. 어떻게 위로의 말을 건네야 할지 입이 떨어지지 않았다. 그동안 수고 많았다고 말을 하며 눈물이 났다.

그러면서 내심 언젠가 내게도 닥칠 일이라는 생각이 들었다. 우리 부서의 팀장으로서 아주 멋지게 일하고 사석에서 만나면 편했던 친구를 보내야 했던 내 마음의 서운함은 이루 표현할 수 없었다.

한동안 우울한 마음이 떠나지 않았다. 그렇게 떠난 친구에게 가끔 연락을 해보면 잘 지내고 있다는 연락이 왔다. 조금씩 아르바이트도 하면서 지낸다고 했다. 그렇지만 56세의 나이에 직장을 다시 찾는다는 것은 쉽지 않았다. 다행히도 친구 아내가 카페를 오픈했는데 운영이 잘 된다고 한다. 정말 요즘 같은 코로나 시기에 카페가 잘 된다니 정말 대단하고 다행이라고 생각한다.

코로나19로 인한 경기 불황으로 많은 사람이 힘들어한다. 내가 어려움 속에서 즐겁게 살 수 있는 것은 현재를 긍정적으로 받아들이고 이 시간을 최대한 활용하면서 명랑한 기분으로 살기 때문이다. 우리의 삶에 고통과 시련, 절망이 올 때도 있지만 견딜만한 현재의 시간이라면 그 자체로 즐기는 것도 좋다. 내가 세운 계획과 꿈이 내 생각대로 진행되지 않고 실패로 돌아갔다고 해서, 미래가 불투명하다고 해서 걱정 때문에 '현재'를 우울하게 보내면 안 된다. 지나간 실패의 경험에 대한 절망적인 생각 때문에 '오늘'이라는 시간을 내팽개치거나 경솔하게 생각하여 망쳐버리는 것은 대단히 어리석은 일이다. 현재의 삶을 즐기는 마음가짐이 중요하다. 오늘은 한 번뿐이고 두 번 다시 오지 않는다. 살면서 우리는 '오늘'이 내일 다시 올 것이라는 착각을 한다. '오늘 못하면 내일 하면 되지.' 하며 '오늘'이라는 시간의 의미에 대하여 하찮게 생각한다. 오늘은 진정 '오늘 하루'뿐이고 두 번 다시 오지 않는다.

『힐링의 힘』이라는 책에서 카네기는 이 책에 대한 자신감을 '새로운 삶을 이끄는 힐링의 힘, 오늘은 두 번 다시 오지 않는다'라고 말했다. 나는 이 문구가 정말 가슴에 와닿았다. 책을 70페이지까지 읽었어도 그 책에서 새로운 힘과 영감을 얻지 못했으면 찢어서 휴지통에 던져 버리라는 자신감은 어디에서 나오는 것일까? 나는 이 책을 정독하면서 '오늘'이 던져주는 의미와 중요성을 간과하지 않도록 다시 한번 깊이 생각하게 되었고 나에게 오는 '오늘'을 소중하게 생각하고 하루를 살아도 후회 없이 감사하며 긍정의 마음을 가지고 살겠다고 마음을 먹었다.

코로나 시대 이전에는 소통이 자유로웠고 모임도 자주 했다. 지금은 예전처럼 소통이 자유롭지 못하고 모임도 제한되며 교육도 온라인상에서 비대면으로 이루어지기도 한다. 그래서 요즘 뜨는 직업이 IT분야와 관련된 것들이다. 지금 시대를 4차 산업혁명 시대라고 부르기도 하는데 4차 산업혁명이란 인공지능, 사물 인터넷, 빅데이터, 모바일 등 첨단 정보통신기술이 경제와 사회 전반에 융합되어 혁신적인 변화가 나타나는 차세대 산업혁명이다. 4차 산업혁명은 제조와 서비스뿐 아니라 경제, 사회, 문화, 고용 노동 시스템 등 인류 삶의 전반에 걸쳐 변화를 초래할 것으로 예상이 되면서, 200만 개의 기존 일자리가 없어지며, 700만 개의 IT분야에 새로운 일자리가 생성된다고 한다.

요즘 환절기 감기로 인해 병원의 소아 진료과가 어린이 환자로 붐빈다. 젊은이들은 병원에 직접 가지 않고 휴대폰 앱으로 소아과 진료 예약을 한다. 지역 화폐가 지폐로 상용화되었다가 이제는 모바일로만 발행한다고 한다. 이처럼 우리의 생활 속에 IT가 밀접하게 스며들어 있다.

나도 한때는 '미래를 대비하려면 어떤 길을 가야 할까? 즐기면서 사는 인생은 무얼까?' 고민하다가 유튜브를 자주 보게 되었다. 우리가 사소하게 여겼던 것들을 유튜브를 통해 구독자 100만, 200만 명을 보유하면서 유명해지는 유튜버들의 모습을 보면서 굉장히 놀라움을 금치 못했다. 그래서 나는 유튜버의 길을 가려고 시도를 해본 적이 있었다. 그러나 컴퓨터 활용 능력과 인터넷 등 IT분야에 문외한이었던 나는 답답함을 느꼈다. 그래서 나는 오늘의 '나'를 바로 알고 개발하려 한다. 공부하지 않으면 도태되는 온라인 세상에 능동적으로 대처할 것이다.

우리는 살아가면서 항상 느끼는 것이 있다. 절대 두 번의 기회는 오지 않는다. 그래서 기회가 오면 놓치지 말고 기회를 잡는 사람이 되어야 성공한다. 이것은 삶의 기회이며 교훈이다. 사람에게 있어 오늘은 두 번 오지 않는다. 지금도 그렇고 앞으로도 그럴 것이다. 친구가 그렇게 회사를 떠난 뒤에 결심하였다. '나의 하루하루를 소중하게 보내자. 오늘은 두 번 다시 오지 않는다. 미래를 준비하고 시간을 소중하게 생각하자. 코로나19로 변화된 일상에 적응하자.' 나는 '오늘의 나'를 즐기면서 두 번 다시 오지 않을 '오늘'을 건강하고 보람된 날로 살 수 있도록 노력할 것이다. 세상에 영향력을 끼치는 성공자의 길을 걸어갈 것이다.

4 장

불가능을 가능하게 만드는 긍정의 힘

01

마음에 끌리는 일을 하다

아들이 중학생 때 한동안 방황했을 때의 일이다. 남자들이 캠핑하고 대화를 나누다 보면 관계가 회복되고 문제가 해결되는 모습을 종종 볼 수 있다. 그래서 나도 아들과의 관계를 회복해보려 예전에 쓰던 텐트와 코펠, 침낭 등 캠핑 장비를 조금씩 준비해서 11월에 아들이랑 단둘이 캠핑을 떠났다.

그 시절에는 삶의 여유도 좀 있고 돈도 있는 사람이나 캠핑 가는 거지, 나같이 시간도 없고 고가의 장비를 구매할 형편도 되지 않는데 캠핑을 하러 갈 수 있을지 어렵게 생각이 들어 준비할 엄두도 나지 않았지만, 걱정 반 설렘 반 하는 마음으로 조금씩 준비하였다.

자식이 힘들어할 때 고통을 덜어주고 싶고 어그러진 길로 갈 때 올바른 길로 갈 수 있도록 해주고 싶은 게 부모의 마음인 것 같다. 그래서 한 번도 하지 못했던 캠핑도 할 수 있는 용기를 내 보았다. 충남 서천군에 있는 희리산 자연휴양림에 있는 캠핑장에 도착했다. 모나미 다닐 때 생긴 오래된 텐트를 아들과 함께 설치하면서 남자들만의 동료애를 느꼈다.

요리에 자신이 있었던 나는 열심히 밥을 짓고 찌개도 끓이고 고기도 구워 음식을 준비했다. 아들은 맛있게 먹었다. 그날 하룻밤은 시간이 어떻게 지났는지 모를 정도로 깊은 대화의 시간을 가졌다. 아들에게 무엇이 어떻게 힘든지를 조심스럽게 물어보고 공감하였다. 1박 2일 캠핑 다녀온 일이 아들에게 아빠가 많은 관심을 쏟고 있다는 사실을 마음에 심게 해준 계기가 된 것 같다. 그 후로부터 아들의 방황은 조금씩 나아졌다.

그렇게 시작된 캠핑은 내 힐링의 아지트가 되어갔다. 시간 될 때마다 가족과 함께 캠핑하러 갔다. 캠핑하려면 집에서부터 음식 재료 준비, 여름에는 물놀이용품과 선풍기도 준비해야 하고 겨울에는 따뜻한 매트와 이불, 숯불구이 재료 등 준비할 게 많아 힘들다. 하지만 삶의 여유로움을 느낄 수 있는 힐링의 시간이 되고 행복함이 느껴지는 귀중한 시간이었다. 나는 어려서부터 살림을 해서 그런지 캠핑에서 식사를 준비하는 시간이 힘들지 않고 내게는 정말 즐거운 시간이었다.

회사 동료와 함께 캠핑 가는 게 무척이나 행복하다. 시간을 내서 캠핑 가는 것이 내게 일상이 되고 있었다. 좋아서 하는 일이라서 시간이 가는 줄 몰랐고 캠핑하는 순간에 늘 웃고 마음이 행복했다. 1년 동안의 일정이 캠핑 계획으로 가득 찼다. 자연에서만 느끼는 그 감동을 잊을 수 없었다.

코로나19로 사람들의 일상에 변화가 왔다. 가족끼리 캠핑을 즐기는 것이다. 전에는 그렇게 일반화되지 않고 소수의 사람이 즐기는 취미였으나 요즘에는 4인 가족이 다른 사람들과 접촉하지 않고 자연을 즐기기에 좋은 일정인 것 같다. 교외에 자동차를 타고 조금만 나가면 캠핑장이 아닌 곳이나 야외에서 캠핑을 즐기는 사람들이 눈에 띄기도 한다. 텔레비전 프로그램에서는 차박 캠핑이 나오기도 한다. 캠핑 전용 자동차만 있으면 어디든지 캠핑 장소가 된다. 텐트를 능숙하게 칠 줄 모르는 사람을 위하여 캠핑장에 텐트를 설치해주는 곳도 있고, 텐트를 치는 대신 카라반을 대여하여 숙박하며 캠핑을 즐기기도 한다.

나는 캠핑을 즐기면서 장비도 많이 구매했다. 겨울에 사용하는 텐트, 여름용, 사계절용, 경량텐트 등 일일이 말할 수 없는 장비가 많다. 아파트는 공간이 많이 한정되어 있다. 캠핑 장비 때문에 정말 힘들다. 하지만 내가 좋아서 하는 일이다. 캠핑 요리에 자주 등장하는 숯불구이, 어묵국, 치킨과 소세지 구이 등 무엇이든지 정말로 야외에서는 맛있다. 맛있게 음식을 즐기고 나면 밤에는 불꽃을 바라보며 사색에 잠기고 불꽃놀이도 한다. 긴긴밤 행복한 대화를 나누며 밤이 깊어간다. 낭만의 시간이 늘 그렇게 지나간다. 좋아서 하는 일이라서 힘든 줄 모른다. 다음 날 아침에 설거지 또 밥 준비 그렇게 시간이 가지만 행복하다. 이 모든 일은 내 마음에 끌리는 일이다.

모나미 회사 다닐 때부터 하던 일이 있는데 그건 바로 등산이다. 등산하면서 정상을 향하여 올라가는 과정은 정말 힘들다. 그럴 때마다 다시는 등산을 하지 않겠다고 다짐한다. 숨이 차오르고 힘들기 때문이다. 그러나 산 정상에 올라 아래를 내려다보면 그동안 힘들었던 순간들은 다

잊히고 산 위에서 본 아름다운 경관들만이 눈에 들어온다. 그래서 '그래 이 맛에 내가 산에 오르지. 다음에 또 와야겠다.'라고 생각하게 된다. 대한민국의 산이란 산은 많이 등반했던 것 같다. 한라산, 설악산, 지리산, 속리산, 태백산, 소백산, 무등산, 영남 알프스 등 많은 산을 다녀봤다. 어떤 곳은 5회 등반, 어떤 곳은 3회에 걸쳐 등반했지만, 가면 갈수록 새로운 곳이 산이라는 생각이 든다.

어린 시절 나는 폐결핵으로 죽을 고비를 수없이 많이 넘겼다. 내 병 때문에 집안의 귀중한 살림을 팔아서 서울에 있는 병원으로 가서 치료를 받았다. 죽은 것 같아서 묻으려고 하면 살아났다고 들었다. 그렇게 치료를 했던 경험 때문에 산에 오를 때 숨이 차서 죽을 것 같다. 그래도 나는 산에 간다. 그건 정말 내가 좋아서 하는 일이다. 누가 시켜서 하면 절대 산에 가지 않을 것이다. 사람은 진정으로 좋아하면 힘들어도 힘든 줄 모르고 계속 즐기게 된다. 산에 매번 가도 힘들지만 행복하다.

나는 운동 신경이 좋은 편이 아니다. 어릴 때부터 악과 깡으로 하는 운동이 나에게 맞는 것 같다. 오래 걷기와 마라톤을 하는 게 좋았다. 여러 가지 운동을 도전해보았다. 축구, 배구, 농구, 탁구, 배드민턴, 테니스,

볼링, 산악자전거, 수영 등 조금씩 해보았지만 역시 등산이 나에게 제일 맞는 운동이라고 생각한다. 등산만큼 건강에 도움이 되는 운동은 없는 것 같다. 경사진 길을 두세 시간 걷다 보면 유산소 운동이 될 뿐 아니라 근력 운동에도 손색이 없는 것 같다. 대한민국은 국토의 70% 이상이 산으로 뒤덮여 있다. 우리나라 등산 인구가 5명 중 1명은 산에 가보았다고 할 정도로 많은 편이다. 집과 인접한 곳에 산이 있는 곳이 많아 우리나라 사람들에겐 등산이 평상시 운동으로 자리 잡고 있다.

그렇게 많은 사람이 산행하고 있어 산이 몸살을 앓았었고 안전사고도 점점 늘어나는 추세가 지속이 되면서 사회적 문제가 되기도 하였다. 그래서 지자체에서는 관광객 방문을 유도하기 위해 산길 곳곳에 산행할 수 있도록 길을 내고 길을 우회시켜 좀 더 안전한 산행을 할 수 있도록 조성하였다. 이제는 산 정상을 오르기보다 산 둘레를 돌며 숲속의 피톤치드를 맡으며 걷는 둘레길이 많이 조성된 상태이다.

산 정상을 찾아 오르는 사람들도 많지만 가볍게 둘레길을 걸으며 가벼운 산행하는 인구가 더 느는 추세이다. 한때 우리나라 사람들이 해외여행갈 때 등산복을 많이 입어서, 외국에서 알록달록 아웃도어를 입으면 한국인으로 인식되어 범행 대상의 표적이 될 수 있다는 지적이 나올 정도였다.

수많은 어려움 속에서도 나는 마음에 끌리는 일을 하면서 나만의 방법으로 인생을 즐기고 살기를 원했다. 그리고 오늘도, 내일도 마음에 끌리는 일을 실천하는 삶을 살아가고 있다.

02

배움에서 희망을 찾다

나는 왜 배움에서 희망을 찾았는가? 나는 가난과 시련이 있었지만 배움에서 희망을 찾았다. 직장에서 일하면서도 재미와 흥미를 느끼지 못하고 지겨운 고통의 연속이며 불행이라고 생각했다. 나는 절망과 어둠의 시련 속에서 희망을 찾기 위해 배움의 길을 선택했다. 고등학교 전기과를 나온 나는 공부도 못했고 기초지식도 부족했다. 그런데 왜 배움에서 희망을 찾았을까?

어린 시절 어머니께서는 교육에 관심이 많으셨다. 어려운 형편에도 자식을 교육하는 데 돈을 아끼지 않으셨다. 어머님의 마음이 흡족하게 공부를 잘해야 하는데 나는 늘 성적이 좋지 않았다. 공부의 무게가 너무 무거웠다. 흥미도 없고 머리도 좋지 않아 어떻게 해야 좋을지 알 수가 없었다.

사회생활을 하면서 배움이 없이는 희망을 찾을 수 없었다. 그렇게 찾던 중 요즘에 사회복지 공부를 하는 것이 진로선택에 좋다고 했다. 군산에 있는 서해대학 사회복지과에 입학 신청을 했다. 3교대 근무를 하면서 2년 동안 야간 대학을 다니며 공부한다는 것은 힘든 일이었다. 그러나 나는 늦은 나이에 공부하는 것에 열정을 느꼈다. 만학도로서 늦은 나이에 배움의 길을 가는 것이 재미있고 신선한 충격으로 다가왔다. 출석도 최대한 빠지지 않고 근무시간까지 바꾸어가며 수업에 참여했고 과제도 힘들지만, 열심히 준비하고 공부했다. 같은 과 학생들과 공부에 대해 의견을 나누는 시간을 가지기도 했다.

다양한 직업을 가진 학생들이 모여서 공부를 한다는 것은, 또 다른 기쁨이고 축복이었다. 다양한 직업을 가진 여러 사람과 대인 관계가 확장되었다. 만남의 축복이다. 과별로 MT도 간다. 게임도 하고 밥을 맛있게 만들어서 함께 나누는 시간은 최고의 행복의 시간이다. 나이 먹어서 시험 준비를 해야 한다. 떨리는 순간이다. 시험공부 생각하면 진절머리가 났는데 차근차근 준비해서 시험을 본다. 매 순간이 힘들고 어렵지만 정말 행복했다. 학창시절에 그렇게 하기 싫었던 공부가 정말 재미있었다.

사회복지 과목에 '인간 행동과 사회환경'이라는 과목을 배우면서 그동안 몰랐던 자녀 양육에 대해서 배울 수 있었다. 어린 시절 아버지께서 일찍 돌아가시고 홀어머니 밑에서 자랐던 나는 아버지의 부재를 통해 아이들 양육에 대하여 편견이 있었다. 무조건 엄하게, 무섭게 양육하면 아이들이 반듯하게 자랄 것이라고 생각을 했다. 사회복지를 배우면서 내가 그동안 했던 양육방식이 잘못된 것임을 깨달았다. '배움'이 내 인생에 커다란 이정표를 심어 주었다. 아이를 나와 같은 인격체로 존중해주고 잘못이 있을 때는 '매'가 먼저가 아니고 원인과 과정, 결과 등 상황 설명을 들어주고 부모로서 설득력 있는 훈계를 하는 교육방식을 따랐다. 그렇게 시작된 자녀 교육이 그전에 하던 방식보다 좋다는 것을 실천해보고 알게 되었다.

지금도 생각해보면 대학에 가 공부하기를 참으로 잘한 것 같다. 우리 아이들은 누구든지 보면 '아들, 딸 참 잘 키웠어요'라고 열이면 열, 백이면 백 모두 똑같이 말한다. 모든 것이 지혜로운 아내와 내가 깨닫고 실천한 교육방식의 결과인 것 같다. 서해대학 생활은 시간 가는 줄 모르게 빠르게 지나갔다. 야간 대학 특성상 여러 가지 직업에 종사하는 교우들과 서로 대화를 하면서 깨달은 것이 있다. 현재 나는 참으로 좋은 직장에 다니고 있다는 것이다. 그렇게 감사를 할 줄 아는 법을 배웠다. 그전에는 우물 안의 개구리처럼 다른 사람의 삶에 관심이 없이 지금 내가 다니고 있는 이 직장이 왜 좋은지를 모르고 생활하다 새로 맺어진 인연을 통해 객관적 입장에서 '나'를 볼 수 있게 되었다.

우리는 세상에서 많은 경험과 도전을 해야 한다. 그렇지 않으면 무엇이 소중하고 좋은지 알 수 없다. 나에게는 대학에서 배우는 것도 좋았지만 다양한 개성과 직업을 가진 사람들을 만난 것이 큰 소득이 되었다. 배움의 기쁨도 누리고 사람 만나는 행복도 누릴 수 있는 대학 생활 때문에 마음과 몸이 건강해지고 삶에 활기가 넘치는 경험을 할 수 있었다.

사회복지는 실습을 이수해야 졸업을 할 수 있다. 먼저 1학년 때는 보육실습을 해야 한다. 어린이집에 가서 아이들을 돌보는 보육실습을 4주간

해야 한다. 아이들에게 동화책을 읽어주거나 함께 놀이하며 아이와 친밀해지는 연습을 하고 보육 일지를 작성하는 방법을 습득하게 된다.

실습 첫날은 낯을 가리는 아이를 보고 어떻게 해야 할지 당황했었는데 천진난만한 아이들의 모습을 보며 낯가리는 아이들과 친해지려고 많이 안아주기도 하였다. 어린이집 실습을 마치고 집에 오자마자 팔, 다리 등 안 아픈 데가 없었다. 보육실습을 하며 경험했던 일들을 떠올리고 있으면 보육교사들은 정말 대단한 것 같다는 생각이 들었다. 어린이집 실습을 하면서 제일 힘든 게 무엇이냐고 물어본다면 당연히 '아이들'이다. 어린이집 보육실습은 나에게 처음으로 아이들에게 '선생님'이 되어 볼 수 있는 뜻깊은 경험이 되었다.

지금 생각하면 어린이집 교사는 아무나 하는 게 아닌 것 같다. 요즘 같은 세상에 아이들을 하나 아니면 둘을 낳는데 아이들 돌보다가 조금이라도 상처가 나기라도 하면 학부모들의 전화가 빗발처럼 쇄도한다. 단순히 아이들만 돌보면 되는 게 아니라 부모와의 관계도 신경 써서 잘 유지해야 하는 일인 것 같다. 힘들었지만 내겐 아이들과 함께할 수 있는 보람된 보육실습이 되었다.

1학년을 마치고 2학년이 되었다. 대학 생활이 피곤하고 힘들 때도 있었지만 내가 좋아서 갔던 길이어서인지 늘 열정이 넘치고 행복했다. 대학 2학년이 되니 사회복지 실습을 해야 했다. 그래서 군산에 위치한 '정다운 요양원'으로 실습을 나가게 되었다. 요양원에서 어르신들을 케어하면서 드는 생각은 '늙으면 애가 된다.'는 옛말이었다. 그 말의 의미가 실감 났다. 어르신들의 식사 케어부터 시작하는데, 몸이 불편하신 어르신께 배식하고 드실 수 있도록 도와드린다. 그중 치매를 앓고 있는 어르신은 금방 식사를 드시게 해드렸는데도 불구하고 안 준다고 나를 때리시기도 했다. 어떤 어르신은 식사하시고 집에 가야 한다고 나가는 문이 어디인지 물어보기도 하셨다.

옷을 갈아 입혀드리는 케어 실습, 목욕케어 실습 등 다양한 실습이 이루어졌다. 요양원에는 어르신들 특유의 체취가 난다. 비위가 약한 나는 조금은 힘들었다. 그리고 그곳에서 생활하시다가 생을 마감하신 어르신을 보았는데 정말 가슴 아픈 일이다. 나는 요양원 실습을 하며 나는 인생을 후회 없이 살아야겠다고, 아프지 말고 건강하게 살아야겠다고 다짐하였다. 요양원 실습을 마치고 요양원과의 인연으로 그 후로 자원봉사를 정기적으로 갔었다. 자원봉사의 시간은 힘들었지만 보람된 시간이 되었다. 드디어 사회복지학과 2년을 마치고 졸업을 하게 되었다. 내 인생 최고의 행복한 시간을 보낸 것 같다. 그렇게 나는 '배움'이라는 최고의 행복과 희망을 찾았고 실천하는 삶을 살았다. 그것으로 나는 진정한 성공자가 되었다.

03

항상 하는 말, '이 또한 지나가리라'

우리가 살아가면서 겪을 수 있는 여러 가지 역경 중에서 최악인 경우는 어떤 것들이 있을까? 나에게 역경은 지독한 가난과 남동생의 조현병이었다. 내게 닥친 역경으로 인해 내 삶은 송두리째 흔들렸고 뒤죽박죽되었다.

동생은 지금도 약을 먹고 있다. 가끔은 일상생활을 하기 힘들 정도로 상태가 안 좋아질 때가 있다. 예전보다는 많이 좋아져서 안심은 되지만 관리가 안 되면 다시 심하게 재발하곤 한다. 본인 스스로 스트레스를 받지 않게 관리를 잘해야 한다. 동생이 가끔 여자 친구를 사귀고 싶다고 한다. 그럴 때마다 어머님과 나는 절대로 안 된다고 말린다. 아픈 동생도 힘든데 가정을 이루면 우리처럼 힘든 삶을 사는 가족이 또 생기게 된다고 단호하게 말한다. 동생을 조금은 이해하지만, 지금으로서는 안 될 말이다. 한편으로 미안하고 가슴이 아프다. 동생이 정상적인 삶이 가능하다면, 아프지만 않았다면 직장도 버젓이 있고 좋은 여자 만나 결혼하여 가정을 이루고 살 수 있을 텐데 참으로 가엾은 일이다.

어린 시절에는 얼굴이 잘생겼다는 소리를 들을 정도였고 두뇌도 명석한 아이였다. 어쩌다 이렇게 아프게 되었을까? 마음이 무겁다 그 누구를 원망하겠는가? 동생은 몸이 쇠약해지면 하는 말이 있다. '형님이 뭔데 나를 간섭해?' 하며 따지기도 한다. 나도 이제 나이가 56세로 60을 바라보는 사람이 되었다. 내 가족을 감당하기도 힘들고 은퇴를 생각할 시기가 되었다. 내 몸 챙기는 것도 힘든 나이가 되어 가고 있다. 진심으로 내가 누구를 간섭하고 챙기는 것, 이제 그만하고 나를 위해서 살고 싶은 심정이다.

요즘에는 회사 일을 하면서 즐거움을 찾고 있다. 예전에는 힘들었을 회사 일이 재미있고 일이 '고생'이라고 생각했었는데 이제는 그런 생각이 들지 않는다. 내 안목이 넓어지고 일할 때 능률도 오르기 시작했다. 예전에는 회사 일만 생각하면 마음속에 억눌림이 있었다. 내 적성에 맞지 않는다고 단정하여 일에 흥미도 그다지 없는 상태에서 의무적으로 일을 했다. 왜냐하면, 회사일 외에도 집안 안팎으로 감당해야 할 내 삶의 무게가 너무도 무거워 삶이 버거웠기 때문이다. 그 과정에 동생이 갖고 있던 마음의 병이 어느 정도 안정권에 들어섰고 신앙의 힘으로 내 마음에 평안함이 깃들게 되었다. '미드라쉬'라는 책에 '이 또한 지나가리라'라는 문구가 나오는데 구약시대 유대의 랍비들이 성경을 해석 또는 재해석하며 한 말이다. 큰 전쟁에서 승리한 다윗왕이 승리의 기쁨을 오래도록 기억할 수 있도록 반지를 만들었고 장인이 만든 반지에 들어갈 글귀를 고민하던 끝에 솔로몬 왕자에게 물으니 '이 또한 지나가리라'라는 글귀였다는 것이다.

사람은 누구나 욕망이 있기 마련이다. 회사를 28년째 다녔던 나도 현장직 계장이 정년이 되어 퇴임하면서 같은 부서 동갑내기 친구가 계장으로 승진한 모습을 보고 처음에는 친구이기에 계속 편하게 지낼 줄 알았는데 현실은 그렇지 못했다. 나도 근속이 오래되었고 동갑내기 친구와

2, 3년 선배이다. 누구나 사람은 사회생활 하면서 승진해서 계급장 하나쯤은 달고 싶은 욕망이 있다. 없다면 그것은 분명 거짓말일 것이다.

28년째 회사에 다니지만 내 밑으로 신입사원 하나 들어오지 않는다. 현재까지 나는 혼자 하기에는 일이 넘쳐나도 어떤 일을 해달라고 부탁할 아래 사원이 없다. 3교대 하던 동료가 3년 전에 정년퇴임으로 회사를 퇴사하던 해에 신입사원이 오기도 했다. 정식 신입사원은 아니었지만, 나로서는 정말로 반가운 일이 아닐 수 없었다. 4조 3교대 근무 인원으로 정식 입사했던 그는 제조 부서에서 근무하다가 안전사고가 발생하여 손가락 하나를 많이 다쳐 여러 차례 수술과 재활 치료를 했다.

그렇게 시간이 6개월이 흐른 뒤 출근했다. 제조 부서 담당 부서장과 개인 면담 후에 마침 3교대 자리가 퇴임자로 공석이 되어 환경부서로 오게 되었다. 나로서는 오랜만에 후배를 받게 되어 무척이나 반갑게 그를 맞이했다.

후배는 군산의 GM자동차 사업장 철수로 한 번의 실직으로 이미 고통을 경험한 친구이다. 아내와 아이들을 책임져야만 하는 가장으로서 얼마나 어깨가 무거웠을지 생각해보기도 하였다. 제조 부서에서도 성실하게 일했다는 이야기가 들려온다. 사람은 첫인상이 중요하다. 내가 사람을 많이 겪어보지는 않았지만, 예의도 바르고 함께 일하기에 큰 무리는 없다고 생각했다. 일단은 처음이라 아직 환경부서 일에 대해서 모르고 있어 주간 근무를 하며 일을 배우기로 하였다. 후배는 차분하게 일을 배우며 성실하게 잘하고 있다. 차근차근 일을 배워가면서 성실히 환경 업무를 감당하고 있다.

모나미 볼펜에 함께 다니고 결혼하여 군산에서 생활하고 있는 옛 직장 동료 남편이 군산에 있던 베트로텍스 회사에 다녔다. 예전에 나는 그곳에 다니는 분들을 많이 부러워했다. 4조 3교대 근무에 쉬는 날도 많았다. 직원들 복지도 아주 좋고 급여도 상당하여 우리 회사와 많이 차이 나는 것으로 알고 있다. 원래는 군산에 소재한 한국유리 소속에서 다국적 기업으로 넘어갔다. 그렇게 잘 나가던 회사가 하루아침에 문을 닫고 대한민국을 떠나게 되었다. 다국적 기업은 회사가 조금 어려워지면 인정사정 두지 않고 떠난다는 소리가 있더니 정말 그랬다.

하루아침에 직장을 잃는 사람들은 얼마나 힘이 들까? 모나미 볼펜 옛 동료의 남편분도 성실하게 회사에 다니다 퇴사 후 당구장을 개업해서 지금까지 가정을 잘 지키고 가장으로서 책임을 다하였다.

내가 남의 집 가정사를 상세하게 다 알지는 못하나 모나미 옛 동료와 모임을 하며 전해 들은 바로는 그 남편분도 아내의 내조로 어려운 시기를 잘 극복하면서 가정의 소중함을 알고 가족과 함께 소중한 시간을 보내고 있음을 알 수 있다. 세상에는 사치스러운 사람들이 많은데 사치할 줄도 모르고 알뜰하게 살림하고 시간 될 때마다 당구장에 나가 청소를 하기도 한다.

요즘 같은 코로나 시기에 사회적 거리 두기로 인해 자영업자들이 많이 힘들어하고 있다. 최악의 어려움 속에서도 당구장 영업에 최선을 다하며 가정을 지키는 두 부부의 모습은 가히 존경할 만하다.

누구나 절망 속에서 헤어나올 수 없는 그 순간에 인생 최대의 고비를 경험하면서 몸도 마음도 약해질 수밖에 없다. 그러나 그 가운데에서 절망 앞에 굴하지 않고 슬기롭게 잘 대처하며 버티고 이겨내는 사람은 많지 않다. 나는 가끔 그렇게 잘 이겨내고 견뎌내는 모습에 감사와 고마운 마음을 갖기도 한다. 그들이 행복하게 살아가는 모습이 보기 좋고 다른 이들에게도 알려주고 싶을 때가 있다. 새로 입사한 동료와 옛 사우 동료 가정을 보면서 '이 또한 지나가리라'라는 말을 다시 한번 되새기면서 오늘도 열심히 노력한다.

04

마음을 비우니
몸이 건강해진다

나는 어떻게 마음을 비우고 몸이 건강해졌는가? 어린 시절 어머님의 교육에 대한 열정과 의지는 본인이 고생하고 사셨기에 당신이 사랑하는 자녀는 고생하지 말고 살기를 바라셔 누구보다 강했다. 그런데 공부는 열심히 한다고 되는 것이 아니었다. 열심히 하여도 계속 고통만 가득했다. 그 당시의 나는 공부를 잘하지 못했다. 기초 학력 지식도 부족했다. 그런데 나는 최고의 강사를 꿈꾸게 된 것이다. 고된 직장생활을 하면서 죽고 싶을 만큼 힘든 시련이 닥쳤을 때 대학 진학을 하고 교수님들의 강의를 들으면 전율을 느끼곤 했다. 그러면서 나도 성공하고 노력하면 언젠가는 교수님처럼 강단에 서서 강의할 수 있지 않을까 하는 생각을 했다. 나는 나만의 인생 경험이 있고 그 과정에서 얻은 지식이 있다. 그러므로 강연을 통해 다른 사람을 도울 수 있지 않을까? 이렇게 나는 충분히 만족스럽고 기쁜 삶을 살았다고 말하고 싶다.

그렇기에 대한민국의 스타 강사가 되고 싶다. 기능공으로서 직장생활을 했지만 나는 늘 책과 함께했다. '배움'에 대한 투자를 나름대로 많이 했다고 자부한다. 그러면서 쌓인 나의 노하우를 공유하고 내게 왔던 시련의 경험은 사람들에게 강의로 전해주고 싶다. 내가 좋아하는 명강사를 적어보면 이렇다.

그 첫 번째가 김미경 강사이다. 대한민국 최고의 강사인 그녀는 사람들의 꿈과 희망을 응원하는 국민 언니이자 누나이다. 나이는 57세로 28년 동안 강사로서 세상에 발붙이고 살아온 그녀의 인생은 복잡하면서도 단단해 보인다. 하지만 의외로 간단하게 표현된다. 그녀는 끊임없이 도전하고 꿈을 꾸는 사람이다. 그녀는 매일매일 성장하고 나누는 사람이다. '나도 올해로 벌써 쉰 살이 되었지만, 아직도 모르겠다. 이 나이로 살아보는 건 내 평생 처음이라서….' 그녀의 강의 대사 중 하나인데 의미심

장한 말이다. 인생은 한 번뿐이라고 이야기하지만 한 번뿐이기 때문에 인생은 늘 처음일 수밖에 없다. 그러니 늘 아쉽고 아프고 불안할 수밖에 없는 것이다.

두 번째는 김창옥 강사이다. 이 사람은 소통 전문 강사이다. 인생의 지혜를 담은 촌철살인 강의와 위트 넘치는 입담으로 '강연계의 BTS'라는 별명을 가지고 있다. 힘든 일을 경험할수록 뇌는 그 경험치의 시간을 늘린다고 한다. 인간은 섭섭하고 아픈 경험은 더 잘 기억에 담아둔다고 한다. 행복한지 너무 오래된 문제에 집중하는 것이 사랑의 시작이라고 한다. 이렇게 강연해 온 횟수가 7,000만 회가 넘는다는 강연계의 달인이다.

나는 지금까지 이렇게 명강의를 하시는 두 분의 직강을 들은 적이 없다. 하지만 직접 강의를 듣게 되는 그날이 꼭 오리라 믿는다. 두 분의 독설과 소통 강의를 유튜브를 통하여 접해왔다. 그러면서 나는 꿈을 꾸고 있다. 나도 언젠가는 저 두 분처럼 강연하는 날이 올 것이라는 꿈을….

대한민국에서 최고의 인기 강사가 되기 위해서는 어떤 노력을 기울여야 할까? 먼저 내가 겪었던 가난과 시련을 담은 책을 써서 모든 사람의 공감을 얻어야 하지 않을까? 그러면 강사가 되는 길에 한 발짝 더 다가가지 않을까?

우리 부부의 만남도 진솔하게 이야기하고 싶다. 아내는 운전면허 학원에서 나에게 복음을 전하려 했다. 나는 그동안 다녔던 교회를 멀리하고 있었다. 언젠가는 가야지, 가야지 하면서 신앙생활을 차일피일 미루고 있었던 시기에 아내의 복음을 듣고 신앙생활을 회복하게 되었다.

강의를 잘하는 강사가 되려면 책도 많이 읽어야 하고 매일 글쓰기도 습관이 되어야 할 것이다. 사람들과 소통도 잘해야 하고 강단에 서는 훈련도 해야 할 것이다. 나는 왜 대한민국 최고의 인기 강사가 되고 싶어 하는가? 나는 사람들이 나를 명강사로 치켜세우도록 소통을 잘하려고 한다. 강사로 성공하면 어렵게 사는 이웃과 가족에게 그 열매를 돌리고 싶다. 평생 가난하게 살면서 돈 때문에 힘들어하신 어머님과 형제들께 내 성공을 나누는 삶을 살고 싶다. 그리고 몸과 마음이 병들어가는 사람들에게 희망을 주는 나눔의 쉼터도 마련하려고 한다. 죽는 날까지 나는 내 동생을 책임져야 한다. 그래서 동생이 편안하게 생활할 수 있는 마음의 치료센터도 개원하고 싶다.

대한민국의 인기 강사가 되려면 어떻게 해야 하는가? 가난과 시련의 경험을 담은 나의 인생 최고의 스토리가 담긴 책을 발간해야 한다. 내 책이 나오면 적극적으로 홍보할 것이다. 그 결과 내 책의 독자가 나를 찾아온다면 강의를 시작할 것이다. 그것이 대한민국 최고 인기 강사가 되기 위한 첫걸음이 되지 않을까?

가난과 시련이 힘들어서 모든 것을 포기하고 싶을 때 신앙과 배움은 나에게 큰 위로를 주었다. 그런 것처럼 내가 대한민국 인기 강사가 되는 것은 나 자신의 최고의 기쁨이기도 하다. 또한, 다른 사람들이 내 강의를 듣고 꿈을 크게 가질 수 있도록 선한 영향력을 끼치는 사람이 되고 싶다. 강연하고 내 경험을 나누는 메신저가 된다면 그동안 힘들게만 살아온 우리 가족에게도 보상이 주어지리라 생각한다.

그러나 이 모든 일은 마음을 비우는 데서부터 시작되리라. 비워진 내 마음에 하나님의 은혜와 배움의 지식을 채우고 내가 어떻게 삶 속에서 승리하며 살아왔는지를 되새기면서 다른 이들에게 전하며 힘을 주는 사람이 되어야겠다. 또한, 마음이 건강해지면 몸에도 건강이 찾아온다는 삶의 원리를 깨달았으니 이를 다른 이들과 공유하고, 건강문제에 답을 얻지 못한 많은 사람에게 어떻게 건강이 회복되었는지 답을 주는 건강전도사가 될 것이다.

마음을 비우니 몸이 건강해진다.

05

마음의 먼지를 청소하라

내 안에 쌓인 마음의 먼지가 무엇일까? 어린 시절 내가 자주 듣던 말, 나를 따라다니는 수식어가 있다. '아비 없는 자식'이라는 말이다. 아버지가 없는 것이 내 잘못인가? 아버지 없이 사는 건 크나큰 설움이었다. 그리고 아버지와 함께 사는 친구가 부러웠다. 나는 그런 상처와 아픔을 겪으며 성장했다. 그래서 나는 나중에 결혼하면 건강하게 오래 살아서 자녀에게 상처를 주지 않아야겠다고 다짐했다.

아이들에게 든든한 가장의 모습으로 살아가고 있다. 자식들에게 아버지를 어떤 아버지로 알고 있는지 직접 물어보지는 않았지만, 아이들이 나를 어떻게 생각하고 있는지 속마음이 궁금하다. 요즘은 예전 같지가 않다. 젊은 세대의 인식이 급속도로 변해가고 있다. 개인주의가 팽배해 있다. 옛날 생각, 옛날 말을 많이 하면 '꼰대'라고 한다.

'아비 없는 자식'에 대한 상처 때문인가? 나는 남자이지만 깔끔한 것이 좋다. 항상 주변에 있는 모든 것들이 어수선한 것을 싫어하고 정리가 되어 있어야 좋다. 너저분하게 어질러진 모습들을 보면 상당히 스트레스를 받는 성격이다. 집에서, 직장에서 내가 이동하는 모든 곳을 정리, 정돈한다. 내 소원은 호텔처럼 깔끔하게 유지되는 집에서 살아보는 것이다. 모델하우스 같이 꾸며 놓은 집에서 사는 것 말이다.

새집에 이사 와서 처음에는 정돈이 잘 되어 있다가 살다 보면 여기저기 조금씩 지저분해지기 마련인데 어렵게 살던 어린 시절에도 청소하고 또 청소하면서 깔끔한 것을 좋아하고 원했다. 내가 사는 집은 정리정돈과 청소는 기본으로 잘되어 있어야 한다. 그렇게 세월이 흘러 결혼을 했지만 나는 아주 깔끔한데 아내는 털털한 편이다. 배우자는 반대로 만나야 잘 산다고 하는데 아내는 정리를 잘할 줄 모른다. 하루하루가 이사 온

집 같았다. 늘 정리를 안 한 집 같았다. 혼자만 노력해서는 안 되는 것이지만, 청소와 정리정돈하는 일은 살아가면서 꼭 필요한 생활습관이다. 주변 환경이 깨끗해야 질병에도 걸리지 않는다. 청소도 타고나야 잘하는 것 같다. 억지로 하는 것은 제대로 될 수 없다. 무슨 일이든 본인이 좋아서 하는 것과 하기 싫은데 마지못해서 하는 것에는 극명한 차이가 난다. 좋아서 하는 일은 능률도 잘 오르고 보람도 있다. 싫어서 하는 일은 억지로 하기에 성과가 그다지 좋지 못하다.

우리 집 청소는 내 담당이다. 내가 좋아서 하기 때문이다. 그런데 그 누군가는 청소를 좋아서 하지는 않는다는 것이다. 지저분한 것이 싫어서 한다는 것이다. 가끔 텔레비전에서 보면 사람이 살지 않는 집은 금방 무너진다고 한다. 사람의 관심, 사람의 온기 등이 없어서 폐가로 되어간다는 것이다.

우리의 삶 속에서 오랫동안 마음의 찌꺼기들을 청소하지 않으면 마음 속에 먼지가 쌓인다. 켜켜이 쌓인 먼지를 쓸어내고 털고 닦아내는 데 시간이 필요하다. 오래된 상처와 아픔일수록 그것을 치유하는 데 훨씬 더 많은 노력과 시간을 쏟아부어야 한다. 내가 만약 오랜 시간 동안 상처를 덮어 두지 않고 그때그때 드러내놓고 치유해주었다면 어땠을지 생각해 본다. 내 손길이 닿지 않아 먼지가 쌓여 더러워진 곳을 발견하면 나도 모르게 인상을 찌푸리게 된다. 더러워진 곳을 청소하려면 큰마음을 먹어야 한다. 우리의 마음도 이와 같지 않을까? 나의 마음을 자주 들여다보지 않은 채 방치를 하면 무거운 마음은 더러운 먼지들이 켜켜이 쌓이고 마침내 시커먼 먼지 덩어리가 되어 쳐다보는 것조차 두렵다.

우리는 때때로 다른 사람에게 상처를 받거나 남에게 상처를 주기도 한다. 상처를 받은 마음도 상처를 준 마음도 먼지와 같이 가슴에 쌓인다. 내가 사는 공간을 청소하듯 마음에도 청소가 필요하다. 아이들이 많이 성장했다. 큰아이는 대학을 졸업하고 어엿한 직장인이 되어 성실하게 자기의 일을 하고 있다. 8시에 출근하여 8시간 근무가 끝난 뒤에는 건강과 자기 관리를 위하여 헬스 클럽에서 운동을 한다. 또 저녁 시간을 이용하여 인근 풋살장에서 친구들과 함께 축구를 즐기기도 한다. 마음도, 몸도 건강하게 잘 생활하는 큰아이를 볼 때 마음이 흡족하다. 둘째 이쁜 딸도 성실히 생활하고 3학년 1학기를 마치고 지금 잠시 휴학을 하고 아르바이트를 하며 쉬는 동안 하고 싶은 것을 하며 잘 지내고 있다. 나는 어린 시절 일찍 아버지를 여의고 힘든 시절을 보냈던 나와는 달리, 비교할 수 없는 경제적 여유를 누리고 생활하는 아이들을 볼 때 보람이 느껴지고 참으로 감사한 마음이 밀려온다. 나는 건강한 아버지로서 아이들에게 든든한 지원군이 되어주고 싶다.

아내와 나는 요즘 가슴 아픈 일이 있다. 몇 해 전에 장모님께서 뇌경색으로 쓰러지셨다. 빨리 대처를 했는데도 뇌의 가장 중요하고 위험한 부위에 뇌경색이 와서 혈류 용해제를 투여했는데도 몸 상태가 호전되지 않았고 재활 치료할 때에도 반신이 마비되어 마비된 팔과 다리가 처지니 운동 치료가 더 고통을 안겨주는 결과로 남았다. 그래서 결국에는 요양병원을 거쳐 요양원으로 옮기시게 되었다. 아픈 장모님을 모시면 좋겠지만 그리 쉽지는 않았다. 요양원으로 옮길 때는 불효자의 심정이 되어 눈물이 앞을 가렸다. 장모님은 고군산 군도의 끝 섬 '말도'에서 생활하시다 장인어른께서 일찍이 배 사고로 돌아가셔서 군산으로 나와서 모자원 생활을 하셨다고 한다. 6남매를 키우느라 안 해본 일이 없다고 들었다. 신앙생활도 열심히 하셔서 권사의 직분을 갖고 계신다. 무슨 일이든지 적극적으로 참여하시고 대장부 같은 성격의 소유자로서 자녀들 도움 없이 잘 생활하셨던 멋진 분이시다. 그러나 뇌경색 앞에서는 속수무책으로 무너지셨다.

코로나19 이전에는 주말마다 면회도 가고 요양원 내에서 예배를 드릴 때 참여하면서 기도도 함께 하시고 기쁘게 찬양도 부르곤 하셨다. 그러나 코로나19 이후로 면회도 제한되고 몸도 마음도 조금씩 쇠약해지시고 인지에도 조금씩 변화가 찾아왔다. 아내와 나는 장모님 면회 갈 때마다 창문 밖에서 얼굴을 뵙곤 했다.

이 세상 모든 사람은 창조의 원리로 흙에서 왔다가 흙으로 돌아간다. 한번 왔다 한번 가는 인생인데 건강하게 살다가 건강하게 가고 싶은 심정은 모든 사람의 바람일 것이다. 살다 보면 나도 많이 아플 때가 있다. 건강하게 살기를 원하지만 태어날 때부터 몸이 약했던 나는 나이가 들면서 노화로 인하여 관절통, 전립선, 통풍 등 여러 가지 질병들이 찾아와서 많이 힘들었다. 2년 전에 전립선이 아파서 강남세브란스병원에서 수술한 적이 있었다. 그 힘든 상황에서 아내의 정성 어린 간호와 내조가 없었다면 얼마나 힘들었을지 그때를 생각하면 지금 아내와 우리 가족이 있어 든든하다. 혼자서 살다가 아프면 인생이 얼마나 외롭고 슬프겠는가?

이제부터 나는 마음을 비우는 연습을 해야 한다. 그동안 온갖 상처와 스트레스, 욕심으로 가득 차 시커먼 먼지 덩이로 가득 찬 내 마음을 비워 청소하는 삶이 되도록 해야 한다. 그렇게 마음의 먼지를 청소하는 삶이 지속해서 유지될 때 행복한 날이 늘 나와 함께 할 것이다. 살면서 건강하거나 아플 때도 감사가 넘칠 것이다. 내게 크고 작은 시련이 다가와도 능히 감당할 수 있을 것이다. 나는 내 마음의 먼지를 청소하는 삶을 계속 살아가리라.

06

사랑하는 가족이 있기에 행복하다

지독하게 가난한 어린 시절부터 어머니께서는 나와 형제들에게 생일이 되면 힘든 살림에도 꼭 챙겨주셨다. 어머님의 가르침으로 나도 어머님 생신 때가 되면 쌈짓돈 한 푼, 두 푼 모아서 돼지고기 반 근으로 시작하여 어머님의 생신을 챙겨드렸다. 사람들은 대부분 생일날 미역국을 먹는다. 생일에 미역국을 먹는 이유는 무엇일까? 미역국은 산모의 기력 회복과 아이들의 성장에 많은 도움이 되기 때문에 먹는다. 부모는 자식이 건강하게 자라기를 바라는 마음에 생일날 미역국을 자녀에게 끓여준다. 자식은 자신을 낳아주신 부모님의 은혜를 잊지 않기 위해 미역국을 먹는다. 미역국은 조선의 실학자 이익이 자신의 저서 성호사설에 '미역국은 임산부에게 신선의 약만큼 좋은 음식이다'라고 소개했을 정도로 산모의 기력 회복에 좋은 음식이다.

우리 가족은 어려운 환경 속에서도 생일을 축하하면서 사랑으로 성장했다. 지금도 기억나는 것은 어린 시절 많은 것을 누리지 못하고 살아온 우리들의 생일을 어머니가 꼭 기억하고 챙겨주시던 것이다. 자식의 생일을 소중하게 생각하신 어머님께서는 소소하게라도 떡과 과일, 반찬 몇 가지와 따뜻한 쌀밥에 미역국까지 끓여주시고 선물도 준비했다가 생일 맞은 자녀에게 주시곤 하셨다. 이렇듯 가족끼리 서로 생일을 축하해주면서 가족 간에 끈끈한 정이 쌓이며 정말 행복하고 소중한 시간을 보낼 수 있었다. 성인이 되고 가정을 꾸린 후에도 어머님의 생일 축하는 계속 이어졌다.

아내는 생일에 대한 상처가 있었다. 장모님께서 큰아들의 생일만 챙겨주신 것 같다. 어린 마음에 가슴이 아팠던 것 같다. 어느 날 혼자서 방앗간에 가서 쌀을 찧어다가 찜통에 백설기 떡을 해서 스스로 생일을 축하해주었다고 한다. 우리 가족이 된 후에는 결혼 25주년이 되어가도록 어머님께서 매년 아내의 생일을 챙겨주시니 정말 감사한 일이 아닐 수 없다. 어머니께서는 나는 물론 아내와 당신의 손자, 손녀까지 잊지 않고 매년 생일을 챙겨주신다. 올해로 86세이신 어머님께서는 아직도 건강하시다. 자식 된 마음으로 칠순과 팔순을 가족 모두 모여서 축하드리고 사진 촬영도 하여 기념하였다. 그동안 고생하신 어머님의 사랑과 노고에 감사드리며 팔순에는 오랜 세월 동안 모아둔 사진들을 가지고 동영상 제작도 하였다. 팔순 때 즐거운 식사 시간이 끝나고 과일을 먹으며 동영상을 보여드리니 어머님과 형제들이 일순간 아무 말씀들이 없이 영상을 보고만 있었다. 왜냐하면, 영상 안에 과거의 우리 가족의 살아온 길이 고스란히 나타났고 여러 장면에서 어머님의 희생과 정성이 깃든 사랑이 나타났기 때문이다. 그래서 우리 가족 모두가 눈물이 앞을 가려 아무도 한동안 말을 할 수가 없었던 것이었다.

요즘에는 스마트폰이 대중화되어서 사진을 인화하지 않고 스마트폰이나 컴퓨터에 저장한다. 어린 시절부터 성인이 될 때까지 인화된 사진을 가끔 볼 때면 사진 속에서 생일에 찍은 사진들이 자주 등장한다. 사진의 내용은 가족이 환하게 웃는 모습이 자주 나타난다. 행복은 멀리 있는 것이 아닌 아주 가까운 곳에서 시작된다. 참으로 소중한 보석을 어머님께서 우리에게 물려주셨다. 우리 가족은 각자의 생일마다 소중한 추억을 만들어갔다. 특히 어머님의 생신은 전체 가족의 축제이다. 코로나19 이전에는 성남 누님과 서울의 여동생 가족이 우리 집에 오고 어머님과 남동생, 그리고 우리, 네 가족과 함께 1박 2일 동안 생일 축하 축제가 시작된다. 오순도순 이야기꽃도 피우며 긴긴밤을 보낼 때도 있다. 그렇게 가족이 모여 시간을 보내던 그때 그 시절이 많이 그립고 그립다.

코로나 19로 인하여 3년째 모임이 이루어질 수 없었는데 '위드 코로나' 시대가 오게 되어 내년부터는 다시 어머님의 생신 축하 가족 모임도 재개될 것이다. 지금은 스마트폰으로 안부 전화를 하는 게 전부이다. 가족들이 많이 보고 싶다. 사랑하는 나의 누이와 조카들이 그립다.

요즘에는 다양한 모습의 가정이 있는 것을 볼 수 있다. 위탁 가정도 있고 입양가정도 있다. 한부모 가정도 있고 다문화 가정도 있다. 위탁제도는 부모의 사정으로 가정에서 양육하는 것이 불가능한 아이들을 시설이 아니라 위탁 가정에서 보호하고 양육되도록 돕는 제도이다. 아이들이 금전적인 이유나, 이혼 등으로 친부모와 함께 살지 못하게 될 때 혹은 아이가 부모에게 학대를 당하고 있을 때 등 일시적으로 아이들이 보호되어야 할 때 기관에 보호되기도 하지만 가족의 품이 필요한 어린아이들이나 상처가 많아 일대일로 보호가 필요한 아이들 같은 경우 신청자에 한해 일반적인 가정에서 임시로 보호를 할 수가 있다.

우리 나라에도 예로부터 입양 문화가 있었다. 그러나 요즘처럼 공개 입양하게 된 것은 20년 정도밖에 안 되었으니 아직 한국 사람에게 입양에 대한 인식이 보편화 되어 있지 않은 게 현실이다. 그래서 아직도 '입양'에 대한 편견도 있고 오해가 있기도 하다. 그런데 막상 입양하여 아이를 키워보면 출산하여 키운 자녀나 입양하여 키운 자녀나 큰 차이가 없다고 한다. 텔레비전 드라마를 보면 낳은 엄마, 기른 엄마가 드라마에서 나올 때가 있다. 오히려 낳아주기만 한 엄마보다는 키워준 엄마의 사랑이 더 크다는 것을 알 수 있다. 배 아파 낳은 자식이나 가슴으로 낳은 자식이나 똑같은 것이다.

한 부모 가족은 말 그대로 엄마나 아빠나 둘 중에 한 사람이 홀로 아이를 키우는 경우를 말한다. 꼭 세대주가 아니더라도 사실상 세대원을 부양한다면 한부모 가족의 대상이 될 수 있다. 나도 어렸을 때 한부모 가족이었기에 한부모 가족의 애환을 충분히 알고 있다.

다문화 가족은 국제결혼을 한 가정을 의미하기도 한다. 서로 다른 문화의 남녀가 만나 가정을 이루고 살기 때문에 그 가정에서는 문화의 차이가 발생한다. 크게는 언어의 장벽에 부딪히게 되어 소통이 제대로 되지 않아 답답하기도 하고 작게는 음식의 기호부터 입는 것, 자고 일어나는 생활습관까지 서로 조율해야 할 난관에 부닥치기도 한다.

이런 다양한 형태의 가정에서만 부딪침이 있을까? 아니다. 아내와 나도 처음에는 서로 생활습관과 가치관이 달라서 부딪침이 있었다. 25년 동안 살아오면서 서로 조율하고 양보하고 이해하면서 서로의 마음을 알아가는 사이에 지금은 눈빛만 봐도 서로의 생각을 알아차리는 관계가 되었다. 결혼하여 아내가 태몽을 꾸었는데 아들과 딸을 꿈에 보았다고 한다. 아들은 아내를 닮았고 딸은 내 얼굴을 닮았다고 하였다. 그렇게 꿈을 꾸고 나서 연년생 아들과 딸을 낳았는데 정말 꿈처럼 엄마 닮은 아들, 아빠 닮은 딸을 낳았다. 그런데 아이들이 성장하는 모습을 보니 성격은 정반대로 닮아있다는 것을 알았다. 나는 성격이 아주 급하고 무엇을 갖고 싶으면 꼭 가져야 직성이 풀리는 성격인데 그런 성격이 아들한테서 똑같이 발견되고 있었다. 초등학교, 중학교, 고등학교에 다니는 동안 유행하는 유명 메이커 옷을 꼭 입어야 하는 아들이었다. 그러나 딸은 유행에 민

감하지 않았다. 아내가 메이커에 관심이 없고 명품이나 비싼 옷, 액세서리에 그다지 관심이 없이 수수한 성격이었다. 다행스럽게도 딸은 유명 메이커 옷이나 신발을 아들처럼 집요하게 찾지는 않았다. 그런 아이들을 보며 옛말에 '씨 도둑질은 못 한다.'라는 말이 기억이 났다. 그래도 반듯하게 잘 자라주어 자식 농사를 잘 지었다는 생각을 많이 하게 되었다. 우리 두 아이를 보는 주변의 시선들은 칭찬 일색이었기 때문이었다. 요즘 같은 험한 세상에 잘못된 방향으로 빠지지 않고 부모의 사랑 안에 바르게 성장한 아들과 딸이 있어 행복하다.

07

하늘은 행동하는 자의 기도만 들어주신다

나는 어떤 마음으로 행동하고 살아왔는가? 살아가면서 아무리 힘든 일이 닥쳐와도 나는 절대 하지 않는 일이 있다. 어디 가서 점을 보거나 다른 종교에 빠진 적이 없다. 어린 시절부터 교회에 다니고 오로지 하나님께 기도하고 예배를 드리는 삶을 살았다. 많이 힘들었던 순간에는 방황하고 술을 마시기도 했지만, 하나님을 원망하지는 않았다.

딸아이가 평소에 책 읽기를 좋아하고 공부도 잘하는 편이었다. 어떤 때는 공부를 너무 잘해서 서울로 대학을 간다고 하면 어떻게 할까 하고 걱정한 적도 있었다. 중학생 때도 성적이 많이 좋았던 것으로 기억한다. 군산에서 성적이 좋은 여학생이 모이는 군산여고에 입학하게 되었다. 딸은 공부에 부담을 느꼈는지 아니면 친구를 잘못 사귀었는지 모르겠지만 성적이 갈수록 떨어지고 힘들어했다. 1, 2학년 때 내신성적이 좋지 않아 수시에 원서를 접수하지 않고 결국에는 수능을 봐서 대학에 진학하게 되었다. 수능 결과도 본인이 원하는 대학에 가기가 힘든 성적이 나와 어렵게 군산에 있는 국립대에 진학하게 되었다. 나와 아내는 참으로 잘된 일이라 생각했다. 요즘 같은 힘든 시기에 국립대학을 갔으니 대학 학자금도 저렴하고 같은 군산이라 오고 가고 버스비만 들이면 공부하기에 경제적으로도 아주 딱 좋을 것으로 생각했다. 그래서 나와 아내는 이것이 바로 하나님의 응답이라고 생각하면서 기뻐하였다.

그러나 대학 1학년이 된 딸은 1학년 1학기 MT에 다녀와서 학교생활에 적응하지 못했다. 학교에 다니는 것에 대한 부담이 계속 가중되어 휴학 의사를 밝혔다. 나와 아내는 그런 딸의 모습에 적지 않게 당황하고 어디서부터 어떻게 수습해야 할지 걱정도 되고 고민도 많이 하게 되었다.

순탄할 줄 알았던 둘째의 대학 생활이 한순간에 날아가기 직전이어서 땅이 꺼지고 하늘이 무너지는 것 같았다. 내가 서해대 사회복지를 전공해서 그런지 아주 흥미롭고 재미있게 2학년을 마칠 수 있어서 우리 딸도 잘할 거라고 믿었다.

그러나 모든 게 사람의 뜻대로만은 되지 않을 때가 있는 것이다. 그렇게 학교를 휴학하게 된 우리 딸은 그 후로도 마음의 안정을 찾지 못했다. 마음의 상처를 치유하기 위해서 상담소에 가서 상담을 의뢰해보기도 했지만 우리 딸에게 맞는 적당한 상담소를 찾는 일도 쉽지 않았다. 우리 집과 조금 떨어진 곳에 괜찮은 상담소가 있어 우리 부부와 우리 딸이 함께 상담을 받기 시작했다. 그때부터 1년 이상을 주 2회 정도 상담을 하였다.

우리는 사랑하는 딸이 마음의 상처가 치유될 수 있도록 간절히 하나님께 엎드려 기도하였다. 둘째는 그렇게 마음의 안정을 조금씩 찾아가고 있었다. 내 성격은 급하고 경제적 어려움에 대한 염려 근심 때문에 딸이 빨리 학교를 마치기를 원했던 터라 나는 나대로 심각한 스트레스에 시달리기도 했다. 그래서 전립선도 나빠지고 위장도 약해져 나는 암에 걸리는 줄만 알았다. 그러나 병원에 가서 정밀 검사를 한 결과 암은 아니었고 심각한 스트레스로 인해 일시적으로 체중이 감소하였다는 것이다.

사랑하는 딸은 점점 회복되어 자신이 좋아하는 전공을 하기로 마음먹고 수학능력시험을 치르려는 준비를 서서히 하게 되었다. 혼자서 고시원에 들어가서 6개월 동안 수능준비를 하였다. 우리는 딸이 수능을 두 번 치르는 모습을 지켜보면서 아프지만 말고 건강하게 어떤 대학이라도 좋으니 합격하여 대학 생활을 마치기만을 고대하였다. 성적은 고3 수능성적보다 더 저조하게 나왔지만, 자신이 원하는 대학에 들어가 대학 생활을 하면서 자신이 전공하고 싶은 문헌정보과를 복수로 전공하고 싶다는 포부를 밝혔다. 그래서 딸의 생각을 존중하며 응원해주고 매년 마다 기숙사를 왕래하면서 짐도 실어주며 도와주었다.

군산에서 광주로 유학 생활이 시작된 것이다. 우리 딸이 공백기를 지나면서 많이 성장한 것 같았다. 광주대를 다니면서 매학기 마다 장학금을 받았고 교수가 추천하는 대회에도 나가 상도 받으며 학교생활에 아주 잘 적응하고 있었다. 그러던 어느 날 복수 전공하며 점수관리를 하다가 지쳤는지 '엄마 나, 한 학기만 휴학하고 싶어. 지금 많이 힘들어. 많이 힘든데, 내가 억지로 하면 힘들게 대학 생활을 할 것 같아.'라고 아내에게 말했다고 한다. 아내와 나는 고민이 되었지만 많은 생각 끝에 딸이 원하는 대로 하도록 허락해주었다. 요즘 우리 딸은 마트에서 아르바이트하며 새로운 경험을 하고 있다. 자신이 벌어서 용돈을 쓰고 저축도 하고 있다.

4년 전에 내가 섬기던 교회의 원로 목사님께서 폐암으로 소천하셨다. 아내가 어렸을 때부터 섬기던 교회의 목사님이셨고 우리가 결혼할 때 주례도 해주신 분이다. 주일에 강단에서 선포하시는 메시지에 힘을 얻고 늘 은혜로 이끌어주셨다. 우리가 아파트를 장만할 때도 우리 집에 오셔서 예배도 드려주시고 축복기도를 아끼지 않고 해주셨다. 내가 많이 아파서 힘들어할 때도 한걸음에 오셔서 안수기도를 해주신 분이다. 너무나도 존경하고 좋아했던 원로 목사님께서 어느 날 병원에서 폐암으로 판정이 났을 때 가슴이 아프고 너무 슬펐다. 평소에 건강도 잘 챙기셨던 목사님이기에 암에 걸리셨다는 소식은 너무나 충격적이었다. 목사님은 담배도 안 피우시고 먼지 많은 곳에서 일하시는 분도 아닌데 왜 폐암에 걸리셨을까? 지금도 생각하면 의아하지만 죽고 사는 일은 하나님께 달려 있으니 인간이 하나님의 뜻을 어찌 알겠는가? 지금도 생각하면 믿을 수 없고 아직도 살아계신 것만 같았다. 폐암 수술하시고 호전되는 듯하였으나 채 몇 년이 안 되어 재발했고 다른 장기로 전이되었다는 소식이 들려졌다. 병원에 목사님을 찾아갔다. 그렇게 좋았던 풍채는 온데간데없고 피골상접할 정도로 말라, 차마 눈을 뜨고는 볼 수 없는 참혹한 모습으로 투병하시는 모습은 말로 표현할 수 없을 정도로 비참했다.

새벽예배, 주일예배, 금요예배를 드리는 중에 영적 지도자로 많은 위로와 은혜의 말씀으로 이끌어주신 영적인 아버지였기에, 마음이 아프고 가슴이 미어졌다. 이제는 원로 목사님을 마음으로 보내드려야 할 때다. 나중에 내가 천국에 가면 만나 뵐 것이다. 신입 담임 목사님은 목회를 아주 열심히 하고 그동안 했던 목회 스타일을 완전히 바꾸고 다음 세대를 위한 목회로 방향을 바꾸셨다.

요즘 주일 메시지를 들으면 힘이 나고 은혜가 넘친다. 하나님은 행동하는 자의 기도를 들어주신다. 내가 원하고 함께 할 때 주님의 품으로 이끌어주시는 것 같다. 오늘도 내일도 나는 영원하신 하나님을 바라보며 오늘도 열심히 생활한다.

I Learned Life Through Adversity

위기와 역경에서 인생을 바꾸는 절망 대처법!

5 장

나는 시련을 통해서 인생을 배웠다

01

위기 속에서 만난 한 줄기 빛

우리나라는 옛날부터 외세의 잦은 침략으로 많은 고난을 겪어왔다. 8.15해방과 6.25동란을 거친 후 휴전협정을 맺은 대한민국은 1980년대에 이르러 경제 개발 5개년 계획을 세워 경제 성장을 하여 국민 1인당 GNP도 상승하였으며 지금은 한류 문화 열풍을 타고 세계의 이목을 집중시키기도 했다. 20세기 말 우리나라의 가장 큰 위기는 1997년에 있었던 IMF 경제위기였던 것 같다. IMF는 '국제통화기금'의 약자로 우리나라가 외환위기를 맞으며 그해 11월 21일 IMF에 구제 금융을 신청한 바 있었다. 같은 해 12월 5일 1차로 55억 6,000억 달러를 차입한 후 1999년 5

월 20일까지 총 10회차에 걸쳐 195억 달러를 차입했다. 당초 상환기일은 2004년 5월이었는데 우리나라 외환 보유액 수준이 증가하여 2001년 8월 23일에 차입금 전액을 상환함으로써 IMF 체제를 조기에 벗어날 수 있었다고 〈에듀윌 시사상식〉 2021년 3월호에 기록되어 있다.

나에게도 그 시절은 최악의 위기가 왔던 시기이다. 1994년 3월에 두산유리에 입사했던 나는 1996년 12월 28일에 결혼식을 올렸다. 아직 신혼의 단꿈이 채 가시기도 전에 1997년에 IMF 사태가 발생한 것이다. 두산그룹에서는 구조조정을 단행하기 시작하였다. 전국에 분포된 두산 그룹 계열사는 전북 군산, 경기도 군포, 경기도 광주, 경기도 시화, 경상남도 마산에 있다. 자발적인 희망퇴직을 모집하기 시작하고 부서별로 면담을 시작해서 회사를 그만두면 안 되느냐고 물어보기도 한다. 그렇게 시작된 구조조정으로 얼마의 위로금을 받고 정들었던 직장을 퇴직하는 동료들을 보면 남의 일 같지 않았다. 그때 내가 그만두었다면 지금은 어떻게 살아가고 있을지 상상만 해도 아득하다. 시간이 지나 나는 현재 28년째 근속 중이다. 슬픈 현실은 코로나19가 발생했고 또다시 회사는 계속되는 경기 불황으로 힘들다는 이유로 구조조정의 칼을 다시 들고 있다. 물론 나도 코앞까지 밀려오는 압박으로 인하여 살얼음판을 걷고 있는 심정이고 창살 없는 감옥에 갇혀 있는 기분이다.

회사에 병을 운반하시는 어떤 기사분이 하신 말씀이 생각이 난다. 두산유리, 현 동원 테크팩은 IMF 시대에도 끄떡없이 잘 이겨낸 괜찮은 회사인데 코로나19에는 이겨낼 장사가 없다고 말씀하셨다. 코로나19의 장기화로 많은 회사와 자영업자, 직장인들에게 고통이 찾아왔다. 이로 인하여 코로나와의 사투로 작은 회사는 무너질 위기에 처했고 자영업자들이 문을 닫고 월급쟁이는 인건비 삭감에 몸을 사려야 할 판이다.

사회적 거리 두기가 계속되면서 모임은 제한되고 많은 사람이 무기력감과 고립감, 불안감을 호소하기도 한다. 우리 회사는 사람들이 술 한잔 기울이며 모임을 하고 만날 때 매출이 상승하는 회사이다. 그런데 코로나19 사태로 인해 유흥업소 등 많은 업종이 시간제한, 인원 제한을 받아 운영이 제대로 이루어지지 않는 상황이었다. 그러다 보니 회사는 매출이 늘어나기는커녕 감소하며 '적자' 운영 상태가 되어버렸다.

나도 코로나19로부터 자유로울 수가 없었다. 그래서 나는 내가 만약에 회사를 그만두면 앞으로 어떻게 해야 할지 이 위기를 어떻게 헤쳐나갈 수 있을지 많이 고민하고 또 고민했다. 그러던 차에 〈한책협〉을 알게 되었다. 어린 시절부터 막연하게 책을 쓰고 싶어 했던 나는 성장하면서 시련이 많았기에 자전적 에세이를 써보고 싶었다. 〈한책협〉을 통해 책 쓰기 코칭을 받으면 책을 쓸 수 있다는 소식을 듣게 되어 너무나 반갑고 가슴이 뛰었다.

〈한책협〉 김태광 대표님은 25년간 책을 250권 쓰고 1,100여 명의 작가를 배출한 엄청난 경력을 가지고 있다는 사실을 알았다. 평범한 사람들을 1,100여 명이나 작가로 배출했다는 것은 그만큼 가르치는 능력이 뛰어나다는 것을 증명하는 것이었다. 〈한책협〉 카페를 검색하여 둘러보니 하루가 멀다고 출판계약 후기가 쏟아지는 것을 볼 수 있었다.

책 쓰기 코칭 과정을 수강하기 위해 1일 특강을 두 번 참여하고 책 쓰기 코칭 과정에 등록하여 수강하고 드디어 책을 쓰기에 이르렀다. 앞에서 언급했듯이 이렇게 다시 강조하지만, 〈한책협〉 김도사님이 아니었으면 나는 책을 써볼 엄두도 내지 못했을 것이다. 지금도 구조조정의 무서운 칼날로 하루하루 두려움에 떨며 시간을 보내고 있지만, 책을 쓰는 동안 나에게 '희망'이 보이기 시작했다. 어떠한 어려움이 닥쳐와도 이겨낼 방패를 준비하고 있다. 책 쓰기는 나에게 결코 쉬운 일이 아니었고 참으로 힘든 일이었다.

그러나 나에게 책 쓰기는 '희망'의 아이콘이며 '치유'의 시작이었다. 책을 쓰면서 어린 시절 상처를 치유하게 되고 과거를 거울로 삼아 미래의 희망에 방아쇠를 당기고 있다. 책을 쓰면서 〈한책협〉에서 배출한 작가의 책을 읽는 재미에 푹 빠져있다. 『세상에 지지 않을 용기』 이혜정님의 작품 외 다수의 작품을 보면서 공감을 하기도 하고 내가 모르는 부분에 대한 해답을 얻기도 하고 잔잔한 감동을 선사 받기도 하였다. 나는 이렇게 다양한 책들을 사고 읽어보면서 작가님들의 살아온 인생 경험과 책 속에 나타난 철학을 깨닫는 기회가 되었다.

책을 쓴다는 것은 나를 드러내는 일이고 이 세상 모든 사람에게 나의 치부를 드러내는 일이다. 비참했던 나의 과거, 나의 밑바닥을 드러내고 싶지 않았던 일까지 글로 표현해야 했다. 그동안 나를 포장하면서 살아왔던 내가 책을 쓰면서 내가 어떤 사람이고 어떻게 살아왔는지 어떤 생각으로 살고 있는지 글에 드러나게 되었다. 그리고 내 모습 이대로 살아갈 수 있는 용기가 생겨났다. 책을 쓰면서 과거에 받았던 상처가 치유되면서 깨끗하게 정리되는 것 같다. 있는 그대로의 나를 인정하게 되는 것이 바로 책 쓰기의 힘인 것이다. 나의 모습 그대로 드러내고 사는 삶이 행복할 수 있도록 오늘도 나는 노력하고 있다.

코로나19로 사람들은 외부활동이 제한되어 집에서 즐길 거리를 자연스레 찾게 된다. 그리고 요즘의 대세는 바로 실시간 스트리밍 서비스이다. 집에서 내가 보고 싶은 영화, 내가 놓쳤던 드라마와 예능을 원하는 시간에 바로 스트리밍 서비스를 받아 볼 수가 있다. 그 서비스 중 하나가 '넷플릭스'이다. 나는 요즘 넷플릭스를 통해 적잖은 프로그램을 접하고 있었다. 요즘 넷플릭스에서 가장 인기가 많은 드라마가 있다면 바로 〈오징어 게임〉일 것이다. 특히나 넷플릭스에서 제작한 한국 드라마인 〈오징어 게임〉이 글로벌 흥행을 맞아 국내뿐만 아니라 세계 여러 나라의 주목을 받고 선풍적인 인기를 얻고 있다. 〈오징어 게임〉의 '영희' 상징물이 벌써 호주에 세워져 있다고도 한다. 원래 '오징어 게임'은 동네에서 어릴 적 친구들과 즐기는 놀이 중 하나로 바닥에 동그라미, 세모, 그리고 네모를 그려놓고 팀을 나누어서 진행하는 게임으로 그려놓은 모양이 오징어와 비슷하여 '오징어 게임'이라고 한다. 드라마에서는 총 6개의 게임이 진행되는데 누구나 한 번쯤은 어렸을 때 경험해본 기억들이 있는 게임들로 구성되어 있다. 그러나 웃자고 즐기는 게임이 아닌 '데스게임', 최후의 승자만 남고 전부 죽는 게임이라는 충격적인 내용의 드라마였다. 나는 처음에 이 드라마를 볼 때 '누가 만들었어? 이렇게 참혹하게 만들 필요가 있을까?' 하며 드라마를 좋지 않은 시선으로 바라보았다. 그러나 드라마가 끝난 후 작품의 내용이 시청자들에게 시사하는 바가 크다는 것을 알게 되었다. 〈오징어 게임〉에서 게임에 참여한 사람들의 모습을 보며 자본주의 시대의 병폐를 느꼈다. 생존경쟁에서는 친구도, 은인도 없고 오직 자신만 살아남으려 상대방을 밟고 몸부림을 치며 발버둥 치는 인간의 모습을 보면서 오늘날 우리가 살아가고 있는 이 시대 인간의 모습이 드라마에 고스란히 반영되어 있음을 알 수 있었다. 456억 원이라는 돈 앞에서 속이고 죽이는 나약하고 비열한 인간의 모습들을 보면서 '내가 그 자리에 있었다면 나는 어떤 모습을 하고 있을까?' 하는 반문과 함께 다시 한번 드라마가 함축하고 있는 교훈을 되새겨 본다.

나는 코로나19의 위기 속에서 한 줄기 빛을 보았다. 그것은 자기계발의 끝판왕 '책 쓰기 도전'이다. 책을 쓰는 과정에서 느껴보았듯이 책을 쓰는 것은 살을 말리고 뼈를 깎는 듯한 고통이 동반되는 것이다. 하지만 내 마음속에 꼭 성공하고 싶은 욕망이 있어 희망을 잃지 않고, 책을 쓰는 일을 내 위기를 모면할 수 있는 '한 줄기 빛'으로 생각하고 나는 성공자의 길을 달려가는 길을 멈추지 않을 것이다.

02

후회하지 않는 멋진 인생을 살고 있다

어떻게 하면 후회하지 않는 멋진 인생을 살 수 있을까? 나에게 중학교 동창 친구가 있다. 그는 SK건설에서 일하고 있다. 친구가 사우디아라비아의 해외 영업부에서 근무하고 있을 때의 일이다. 나에게 비행기 표만 구해서 타고 오면 먹을 것, 입을 것, 관광까지 다 책임져주겠다고 한다.

영어도 할 줄 모르고 직장에 다니는 내가 어떻게 시간을 낸다는 것일까? 의문이 들었다. 365일 쉬는 날 없는 3교대 근무할 때의 일이다. 나는 겁이 나서 갈 수도 없었다. 나는 그때까지 내 인생에서는 절대 해외여행

갈 기회가 찾아오지 않을 것으로 생각을 했다.

그렇게 시간이 흐르고 나는 외국 여행을 생각해본 적도 없을 때였는데 회사에서 1년에 한 번 해외 연수를 보내주는데 나에게도 그런 기회가 찾아왔다. 회사 동료가 가기로 되었는데 여의치 않아 나에게 가라고 하는데 처음에는 생각해보겠노라 이야기했다. 그러다가 이런 기회는 다시 오지 않을 것이라는 생각에 가기로 마음을 먹었다. 2014년 1월에 보라카이로 향하는 비행기에 몸을 실은 나는 내 인생에서 처음으로 외국에 가게 되어 설레기도 하고 긴장도 되기도 하였다. 여행을 간 적이 없어서 여행 캐리어도 구매하고 필요한 물품도 준비하여 짐을 꾸리고 인천공항으로 갔다. 캐리어 끄는 재미도 좋았다. TV에서 보면 연예인들의 공항 패션이 이슈로 떠오르게 될 때가 있다. 나도 마치 연예인이 된 것처럼 들뜬 마음으로 공항 패션을 나름대로 갖추고 공항 검색대를 통과하고 공항에 있는 맛난 음식점에서 아침을 먹고 필리핀 항공에 몸을 실었다.

인천공항에서 비행시간이 4시간 정도 걸려 도착한 곳은 칼리노 공항이었다. 입국 심사를 마치고 버스에 몸을 실었다. 공항에서 까띠끌란 항구까지 버스로 1시간 30분 소요되었다. 항구에 도착하여 보라카이 선착장에 도착하여 10분 이내에 승선하였다. 한국은 겨울이었는데 보라카이는 여름이었고 적당한 더위에 '여기가 천국이다.'라는 생각을 하게 되었다. 보라카이는 휴양도시다운 관광지였다. 먹는 것도 안 맞으면 어떡하나 하며 걱정을 했는데 나에게 잘 맞아서 부담없이 잘 먹었다. 사실 나는 물에 대해 겁이 많아 물을 싫어했지만, 휴양지에서 할 수 있는 물놀이가 많아 틈틈이 즐길 수 있었다. 숙소도 밖에는 우리나라 60~70년대의 전경이었지만 숙소는 관광지라서 현대식이었고 아주 마음에 들었다. 4박 5일 동안 보내는 내내 스트레스 제로였다. 이대로 천국 같은 이곳을 떠나지 않고 계속 있고 싶은 생각에 너무나 행복했다.

그 당시 함께 여행을 갔던 동료 중 5명이 마음이 맞아 1년에 한 번씩 해외여행 가기로 모임을 만들었다. 매달 정기모임을 가지며 이야기하고 계획을 세웠다. 2015년에는 태국에 가기로 했다. 겨울이 다가왔다. 드디어 출발이다. 한국은 겨울이지만 태국은 따뜻한 계절이었다. 설레는 마음으로 군산에서 공항버스를 타고 인천 국제공항에 도착하여 아침 식사를 마치고 입국 심사를 거친 후 공항 면세점에 들러서 선물을 준비한다. 보라카이에 갈 때는 필리핀 항공을 이용했지만, 이번에는 대한항공으로 출발하였다. 역시 대한항공은 스케일이 다르다. 모든 것이 편안하고 좋았다.

타 항공사와는 비교할 수 없는 서비스에 감동했다. 방콕 국제공항에 도착하여 가이드의 안내로 파타야로 출발하였다. 사실 나는 태국은 불교의 나라여서 조금 불편했다. 마음 한구석에 염려가 있었다. 그 나라의 전체적인 분위기가 종교에 따라서 달라지기 때문이다. 역시나 마음이 불편해서 그랬는지 점심 먹은 것이 소화되지 않아 뱃속 상황이 썩 좋지 않았다. 시간이 지나니 불편했던 태국여행도 점점 편안해지기 시작했다.

여행은 체력 싸움이다. 컨디션이 좋아야 한다. 조금 불편함에서 시작된 여행이었지만 마음이 맞는 동료와 함께해서 좋았던 시간이다. 모든 일정을 기분 좋게 소화하면서 3박 4일의 모든 일정을 마치고 인천 국제공항에 도착하였다. 또다시 계획을 세워서 가자고 약속을 했지만 다들 가정이 있고 해마다 여행을 간다는 것이 결코 쉬운 일은 아니었다. 코로나19가 찾아오면서 해외여행은 갈 수도 생각할 수도 없는 상황이 되어버려 정말 아쉬웠다. 그래도 아쉬운 마음에 지금도 가끔 국내 여행으로 힐링하고 있다. 가까운 곳에 다녀오면서 훗날 해외여행을 꼭 가자고 계획하고 있다.

동료와의 여행이 좋긴 하지만 우리 가족들도 시간이 되면 여행을 한다. 작년 겨울에 여수를 다녀왔다. 정말 좋은 시간이었다. 여수 엑스포에 있는 '아쿠아 플라넷 여수'는 세계적인 해양 생물을 만날 수 있는 해양생태관으로 380여 종의 다양한 해양 생물들이 펼치는 볼거리가 가득한 곳이었다. 여수 해양 케이블카는 거북선 대교의 옆쪽으로 지나고 지상에서 보는 여수 앞바다와는 달리 흔히 항공 촬영된 사진으로만 보아왔던 아름다운 풍경을 직접 보면서 즐길 수 있는 매력을 지니고 있다. 한낮에 햇볕이 반사되어 반짝반짝 비치는 아름다운 바다의 모습을 지금도 잊을 수가 없다. 노을이 지기 시작하면 여수의 밤바다는 더더욱 아름다운 빛으로 물든다. 우리는 숙소를 돌산에 있는 여수 예술랜드로 예약하였다. 숙소에서 보는 여수의 바다 풍경은 참 고요하고 잔잔했다. 바다 한가운데에 있는 팔각정은 흡사, 한 폭의 산수화를 연상케 하기도 하였다.

우리 가족은 영화를 자주 본다. 우리 가족의 영화 관람은 가족 화합의 장으로 생각한다. 아이들이 많이 성장해서 함께 영화도 보고 외식도 한다. 유명한 시리즈 영화를 보면서 함께 소통하고 즐거움을 나눈다. 이것이 진정한 힐링이고 소소한 행복이다. 군산 예술의 전당에서 무료 공연 프로그램의 기회가 많이 있다. 티켓링크에 들어가서 군산을 치면 공연계획과 예약일이 나온다. 무료 공연은 시립교향악단 정기공연, 시립합창단 공연, 특별공연으로는 국립합창단 공연 때로는 유료 공연으로 뮤지컬, 연극, 발레 등 우리가 누릴 수 있는 공연이 많다. 아내와 나 둘이 갈 때도 있고 네 식구가 함께 갈 때도 있다. 우리 가족의 소소한 행복이 여기에 있다. 시간 날 때는 1박 2일로 변산 대명 리조트를 숙소로 하고 아쿠아 월드에 가서 물놀이를 즐기기도 한다. 너무 좋은 힐링 장소이다. 시설이 안전하여 수영을 못하는 나는 너무 좋다. 따뜻한 물에서 구명조끼를 착용하고 즐기면 힐링이 되는 시간이다.

사람이 살아가면서 행복은 마음먹기에 달렸다. 욕심을 많이 부리지 않고 소소하게 누리는 삶이 진정한 행복인 것이다. 오늘도 열심히 달리고 있다. 후회하지 않는 멋진 인생을 살기 위해서 말이다. 살면서 어찌 후회가 없을까마는 후회하지 않기 위해 노력하는 것이다. 최선을 다하는 삶이야말로 후회 없이 멋진 인생을 사는 것이라고 생각한다. 지금까지 살아온 것처럼 나는 행복한 힐링을 할 것이다.

03

매일 감사하면
감사한 일만 일어난다

나의 어머니는 형제가 7남매이시다. 4남 3녀 중 막내로 태어나셨다. 외삼촌 네 분은 건강하게 사시다가 먼저 하늘나라로 떠나셨다. 지금은 세 자매만 살아 계신다. 큰 이모님은 올해 연세가 백한 살로 살아계신다.

2년 전까지만 해도 서천에서 홀로 농사를 지으며 사셨다. 큰 이모님은 어린 시절에 먹을 것도 없이 힘들게 살 때 시골 버스에 이것저것 챙겨서 오시곤 했다. 참으로 정이 많으신 분이다. 친할아버지와 할머니, 외할아버지와 할머니 모두 일찍 돌아가셔서 계시지 않는다.

어릴 적 방학 때가 되면 갈 곳이 많지 않았다. 서천에 계신 이모님 댁은 항상 여름방학과 겨울방학에 가는 곳으로 정해져 있었다. 산속에 있어서 시골의 정취를 마음껏 누릴 수 있는 곳이었다. 가을이면 배추, 고구마 농사를 지으셔서 수확하시면 전화하셨다. '종배야! 시간 나면 서천에 다녀가거라.'라고 하신다. 이모님 댁에 가면 맛난 식사는 물론이고 콩, 배추, 된장, 간장, 마늘 등 다양한 먹거리를 자동차에 가득히 실어주시곤 했다. 지금도 큰 이모님의 정이 넘치는 사랑을 생각하면 가슴이 푸근해진다. 지금은 연세가 너무 많이 드셔서 안산에 사시는 형님께서 모시고 계신다. 지금도 전화하면 목소리도 정정하셔서 '종배 아이들 잘 있나?'하고 안부를 물으시곤 한다. 코로나19가 아니면 안산으로 큰 이모님을 뵈러 가야 하는데 지금의 안타까운 현실이 아쉽기만 하다. 그래도 나는 큰 이모님과의 추억을 기억하고 항상 감사의 마음을 잊지 않고 있다.

올해 부부의 날에 생각지도 못한 선물을 받았다. 사실 아내는 특별한 날에 무엇을 잘 챙기는 섬세한 성격은 아니었다. 그래서 무슨 행사를 할 때도 내가 주도적으로 지휘하고 챙겨왔다. 그런데 5월 21일 부부의 날에 아내가 케이크와 향수를 가지고 내게 왔다. 나는 순간 너무나 감동을 했다. 기대하지 않았는데 받는 기쁨이 두 배였던 것 같다. 나는 달달한 케이크를 좋아한다. 가족과 함께 맛있게 케이크를 먹었다. 나는 자신을 단장하고 꾸미는 것을 좋아한다. 그래서 늘 향수를 자주 사용하는데 아내가 값진 선물을 해주니 그 기쁨은 이루 말할 수 없었다. 선물 받은 향수는 지금도 자주 사용하면서 멋을 내곤 한다. 나는 기분이 너무 좋아서 아내에게 모아둔 용돈으로 노트북을 선물해주었다.

아내는 어린이집 교사이다. 나이도 있는데 지금까지 많이 애쓰고 있다. 어린이집 서류를 하려면 성능 좋은 노트북이 필요하다. 그런데 그동안 사용하던 노트북은 오래되기도 해서 조금 불편해하는 것 같았다. 나도 감동해서 아내에게 하는 선물이라 그런지 돈이 아까운 마음이 하나도 없었다. 그렇게 매일매일 감사하면 감사한 일만 일어나는 것 같다. 그동안 회사 일이 지겹고 힘들 때가 많았지만 요즘은 매일 매 순간이 감사하다. 일에 대한 열정도 전보다 많이 생기고 함께 일하는 동료도 조금씩 나를 믿고 따라주는 것에 기쁨이 있다. 지겹던 일을 즐겁게 할 수 있다는 것은 참 좋은 일이다.

나는 요즘 신앙 생활하다가 내면에 갈등이 있었다. 결혼하면서 섬겨왔던 소중한 교회여서 더욱더 힘들었던 것 같다. 그동안 내게는 신앙의 멘토이셨던 원로 목사님께서 폐암으로 소천 하신 후 후임 목사님께서 목회를 이끌어 가시게 되었다. 처음에는 원로 목사님과 비슷한 목회 방향으로 말씀도 귀에 쏙쏙 들어오고 은혜를 많이 받게 되었다.

그런데 담임 목사님께서 지금처럼 이렇게 간다면 앞으로 교회가 어떻게 될 줄 모른다고 하셨다. 그렇게 시작된 목사님의 새로운 목회 방향이 외국에서 들어온 G12 목회였다. 제주에 있는 교회에서 열리는 한국 G12 컨퍼런스에 참석하고 일선에서 열리는 하계 컨퍼런스에도 참석하였다. 그런데 이 모든 프로그램이 나의 마음에 와닿지 않고 갈등만 생기고 힘이 들었다.

일주일 동안 세상 속에서 살다가 교회에 가서 은혜를 받아야 하는데 현실은 그렇지 못했다. 더욱더 코로나19로 대면 예배를 드릴 수 없게 되자 더욱더 영적으로 갈급해졌다. 담임 목사님의 목회 방향이 바뀌면서 조금씩 교회를 멀리하게 되었다. 나는 점점 더 교회를 향한 마음의 갈등에서 벗어나지 못했다.

예전에는 교회에서 자면서 새벽예배를 드리고 정시 기도와 무시 기도를 하면서 흔들리지 않고 신앙생활을 이어갔다. 그런데 지금 상황은 모든 것이 맞물리면서 혼돈의 연속이었다. 날마다 감사와 기쁨의 삶에서 불평불만의 삶으로 변화되고 있었다. 사람의 눈으로 판단하고 앞으로 다가오지 않은 일 가지고 염려하면서 나만의 성을 쌓아가는 내 모습이 보이기 시작했다. 내 입장만을 생각한 것이다. 제일 힘들었던 것은 목사님의 목회 방향이 바뀌면서 찬양대가 없어지고 예배 시간에 남성 두 분이 예배 전에 찬양 인도를 하는 것에 조금 실망을 느꼈다.

나는 그동안 찬양대에서 테너 파트를 담당하고 있었다. 사실 나는 노래도 잘하지 못하고 음악에 대하여 문외한이었지만 하나님을 찬양하는 마음으로 찬양대에 선 것이다. 회사 일 때문에 자주 교회에 나갈 수는 없었다. 3교대 근무라서 자주 예배를 못 드린다. 시간이 맞을 때만 찬양대도 할 수 있다. 찬양대가 없어지고 나니 교회에서 내가 소속해서 할 수 있는 일이 없다고 생각이 되었다. 그나마 내가 할 수 있는 일이 찬양대원의 일이었는데 그것마저도 못하게 된 것이 너무나 힘들었다.

그런 와중에 교회 리모델링 공사가 시작되고 G12 스타일에 맞추어 교회의 모습이 많이 달라지기 시작했다. 교회 예배에 은혜도 받지 못하고 있는 상황에서 자꾸 불만은 쌓여갔다. 그래도 집에서 비대면으로 드리는 온라인 예배는 꾸준히 드리고 있었다. 어느덧 시간이 지나고 교회 리모델링 공사가 마무리되었다. 이제 교회에 나가야겠다는 생각이 들어 가족과 함께 교회에 갔다.

새로운 환경이 매우 낯설었다. 넓은 극장 같은 분위기의 예배실에서 익숙하지 않은 다른 교회에 온 것 같아 처음에는 집중되지 않고 예배 시간은 더욱 지루하다는 생각이 들었다. 그러나 내 마음의 모든 불신앙과 원망 불평을 내려놓고 예배에 집중하겠다고 결심했다. 내 안에 계신 하나님께서 나를 치유하시고 돌보실 거라는 믿음이 있기에 회복을 위하여 예배를 드렸다. 조금씩 마음의 변화가 오기 시작하면서 감사의 조건으로 내 마음과 생각이 긍정적으로 바뀌기 시작했다.

요즘 같은 코로나 시국에 모여서 찬양대도 할 수 없는데 잘된 일이라고 생각했다. 또한, 담임 목사님에 대한 서운한 감정이 조금씩 사라지면서 목사님에 대한 내 마음도 열리기 시작하고 예배를 대하는 나의 태도에도 변화가 일어나기 시작했다. 강단에서 담임 목사님을 통해 선포되는 메시지에 마음이 열리면서 깨닫게 되고 계속 들어도 지루하다는 생각이

들지 않으면서 은혜를 받기 시작했다.

이제는 교회에 가서 예배와 찬양 드릴 때 내 마음속 깊은 곳에서 하나님께 감사하고 신령과 진정으로 예배하는 마음이 일어나고 있다. 그리고 깨닫고 있다. 목사님도 이 길을 선택하실 때 많은 두려움과 염려가 있었고 힘들게 선택하셨으리라 생각된다. 어릴 때부터 시작된 신앙생활은 '내 생명은 주님께서 허락하실 때까지 열심히 은혜받고 봉사하면서 살아야 한다. 나보다 더 남을 배려하고 사랑하면서 살아가는 내가 되기를 간절히 바라고 기도해야 한다.'라고 늘 생각하게 했고 지금도 나의 이런 고백은 변함이 없다. 나는 매일 감사하며 감사할 일이 넘치는 삶을 살 것이다.

04

성공은 신념과 의지로부터 시작된다

직장 생활을 하면서 나는 우물 안의 개구리처럼 살지 않기 위해 노력했다. '우물 안의 개구리'는 말 그대로 우물안에 모든 세상이 있는 것으로 생각하며 사는 것이다. 그러나 세상에는 우리의 생각보다 더 많은 것이 있고 내가 생각했던 것보다 훨씬 넓다.

고 김우중 대우그룹 회장이 한때 말했던 유명한 명언이 있다. '세상은 넓고 할 일은 많다.' 우리가 알지 못해서 못하는 일이 생각보다 많다. 우리는 삶 속에서 무한한 가능성이 있는 일을 지나쳐 버리고 살아가기도 한다.

정년이 얼마 남지 않았는데 정년 퇴직 후에 나는 어떻게 살아갈 것인지 항상 고민하면서 지냈다. 노후 준비도 안 된 상태이다. 요즘에는 인터넷과 스마트폰을 통하여 다양한 정보를 많이 얻게 된다. 시간 될 때마다 나는 유튜브를 보는데 〈단희TV〉라는 유튜브를 접하게 되었다. 주된 내용이 은퇴를 앞둔 50대를 위한 정보가 많았다. 부동산, 분산투자, 책 읽기, 건강, 노후 준비 등 유익한 정보가 많아서 자주 보곤 했다. 그중에서 내 머리에 스치는 단어가 있었다. 지금까지 살아온 것이 인생의 1막이라면 인생의 2막을 준비하라고 한다. 결코, 이대로 살 수는 없다. 무엇인가는 준비하고 있어야 한다. 단희쌤의 인생 역전에 대해서 공감하고 '나도 할 수 있어'하며 다짐한다.

그렇다면 인생 2막을 어떻게 준비할 수 있을까? 나는 날마다 이 부분을 위해 준비하고 살아가겠다고 다짐하며 또 다짐하였다. 무엇을 생각하고 믿으며 그것을 실현하려는 의지가 '신념'이라고 생각한다. 신념은 크나큰 힘을 가지고 있다. 누구든지 살다 보면 크고 작은 시련과 좌절을 겪게 된다. 그럴 때 자신을 이끌어가는 신념이 없다면 잔혹한 현실 앞에서 무너지게 될 수 있다. 그러나 신념이 있는 사람은 자신에게 닥친 시련을 극복할 용기를 갖기 때문에 잘 이겨낼 수 있다.

단희쌤도 사업에 실패하고 모든 것을 잃은 사람이었다. 모든 것이 희망이 없던 절망 속에서 두 번의 자살 시도를 했다고 한다. 쪽방촌과 고시원을 전전긍긍하며 생활하던 중 우연히 책 한 권을 만나 큰 깨달음을 얻고 인생이 달라졌다고 한다. 지금은 부동산 재테크, 1인 지식 창업, 유튜브 전문가로 거듭났다. 자신의 인생에 제2의 전성기를 누리게 된 것이다. 그동안 겪었던 경험을 바탕으로 지난날의 자신처럼 삶이 막막한 사람들에게 자신의 이야기를 공유하고 희망을 품고 꿈을 꿀 수 있게 도와주고 있다.

나에게 힘들었던 지난날의 경험들이 있어 오늘의 내가 존재하기에 늘 도전하는 삶이 되기를 바라고 그렇게 실천하고 있다. 나에게 주어진 환경에 감사하면서 인생의 2막을 준비하고자 한다. 어린 시절에 아버지께서 일찍 돌아가시고 힘들게 살아가며 정서적 안정을 찾으며 이렇게 살아온 것은 외할머니께 받은 영향이 많이 컸다. 여름방학, 겨울방학이 되면 한산에 사시는 외할머니댁에 자주 갔다. 앞에서 언급했듯이 진짜 피 한 방울 나눈 적이 없는 남남이었지만 외할머니의 사랑과 외숙모, 외삼촌의 사랑이 지금의 내가 있기까지에 중요한 마음의 재산이 되어 있다.

고등학교 시절에 여름방학이 되어 외가에 갔는데 외할머니께서 귀한 음식을 해주셔서 아주 맛있게 먹었다. 할머니께서는 외손자 많이 먹으라고 주셨던 음식이 배탈이 나서 급체를 하게 되었다. 캄캄하고 어두운 시골길을 외숙모님께서 나를 업고 한의원으로 가셨다. 피 한 방울 섞이지 않는 나를 친손자처럼, 친조카처럼 아끼고 사랑해주셨다. 수년이 지난 지금도 잊을 수 없는 소중한 마음들이 고마움으로 남아 있다. 그 사랑에 감사하고 뵙고 싶은 마음에 올여름 중복에 복숭아를 구매해서 다녀왔다. 코로나 시대라서 집에 들어가지 않고 밖에서 뵙고 안부를 서로 묻고 돌아서 나왔다. 지금도 그리운 외할머니의 사랑과 가족 모두 때문에 어린 시절 성장하면서 의지가 되었다. 덕분에 나는 어떻게 해야 바르게 살아가는 것인지 배웠다.

큰 외숙모님의 가르침 또한 나에게 큰 영향을 주었다. 하루는 거리에 노숙인이 있는 것을 보시고 집으로 들어오게 하셔서 깨끗하게 씻을 수 있도록 도와주고 식사도 주시는 것을 보았다. 누구나 할 수 있는 일이 아니다. 냄새도 나고 더럽고 사람이 남에게 피해를 줄 수도 있을 텐데 외숙모님의 생각은 달랐고 마음에 품은 생각을 곧바로 실천하셨다. 누구에게 보여주기 위한 것이 아니다. 진심으로 마음에서 우러나는 실천이었다.

외가에 가면 명절이나 특별한 행사가 있을 때 한 곳에서 모여 식사하고 서로에게 축복의 메시지를 전하는 축복의 가족이다. 어릴 적부터 그 모습을 보고 성장하면서 너무나 부럽고 좋았다. 외삼촌은 목사님이셨고 목회하실 때 은혜로운 말씀으로 부흥을 일으키셨고 가문을 일으키셨으며 동생들도 목사님의 품에 안아 가문을 세울 수 있도록 도우셨다. 목사님의 자녀들도 박사, 목사도 있고 조카들도 박사, 교사, 연구원 등 정말 땅에서 잘되고 하나님이 주신 복을 누리고 사셨다. 어렸을 때부터 나는 외갓집이 어떻게 살고 있는지 눈으로 보고 성장하면서 그런 집안과 가문이 정말 부럽고 자랑스럽고 좋았다. 지금은 은퇴하셨지만 건강하게 잘 지내고 계신다. 명절에 우리 가족이 인사드리러 가면 아낌없이 축복기도를 해주신다. 기도를 받으면 정말 감사하고 가슴이 뭉클해지면서 오늘의 행복은 외할머니를 통해서 이루어지고 있음을 다시 한번 확인하게 된다.

이 세상에서 다양한 분야에서 성공한 사람이 많다. 성공한 사람은 대부분 자신의 길에서 신념과 의지를 갖고 준비하고 있다. 언제든 기회가 오면 그 기회를 놓치지 않고 성공의 길에 접어들 것이다. 그리고 성공한 사람들은 항상 자신의 미래를 긍정적으로 그린다는 공통점을 가지고 있다고 한다. 나는 오늘도 외할머니의 가르침을 기억하며 신념과 의지를 갖고 성공을 향하여 달려갈 것이다.

05

꿈이 실현되는, 삶이 바뀌는 놀라운 경험

직장생활 근속 28년 차인 내가 생각지도 못했던 일이 있었다. 어렸을 때 어렴풋이 '시를 쓰고 싶다.', '책을 쓰고 싶다.'라고 잠시 생각했던, 진짜 오래된 꿈이 있다. 그렇게 어렴풋이 생각한 꿈이 실현되는 삶이 바뀌는 놀라운 경험을 하고 있다. 마음도 부족하고 모든 것이 부족한 내가 책을 쓴다는 것은 상상할 수 없는 일이다. 그러나 그것이 가능하게 된 것이다.

그렇게 시작된 책 쓰기는 정말로 쉽지 않은 과정이다. 누구나 책을 쓰고 싶지만 그렇다고 책을 쓴다는 것은 만만치 않은 것이고 쉽지 않은 것이다. 직장생활을 병행하면서 책을 쓴다는 것은 무척이나 힘든 일이다. 아직은 해야 할 일들도 많고 맞벌이 가족이다 보니 집안일도 많다. 청소, 빨래, 분리수거 등 아무리 해도 끝이 나지 않는 일이 집안일이다.

책을 쓴다는 것은 나를 드러내야 하고 옛날 기억도 더듬어가면서 글로 표현을 해야만 한다. 이 모든 과정이 힘들었지만 소중한 시간이다. 살아오면서 상처받았던 일, 힘들었던 일, 실패했던 일들은 사실 드러내기 힘든 일이다. 용기가 필요한 법이다. 글을 쓰면서 지난날이 파노라마처럼 펼쳐지면서 치유도 되는 것 같다. 전업 작가도 아닌 내가 글을 쓴다는 것은 좋기도 하지만 너무나 힘든 일이었다. 글쓰기도 너무 힘들고 회사 일에도 지쳐 3박 4일 휴가를 내어 오로지 나만을 위한 해방 타운으로 여행을 떠나기로 했다. 전라북도 부안에 있는 펜션을 예약하여 나 홀로 떠났다. 오랜만에 가는 혼자만의 여행이고 해외여행 하듯이 캐리어에 짐을 싸고 준비한다. 마트에서 먹거리를 구매하고 김치와 간단한 밑반찬도 준비했다.

책을 써야 하기에 참고도서도 준비하였다. 혼자 가는 여행인데 이것저

것 짐이 너무 많은 것 같다. 오랜만에 운전도 하였다. 회사 출퇴근을 통근버스로 하기에 오랜만에 운전하는 것도 설레었다. 두렵기도 했지만, 운전을 그다지 좋아하지도 않고 겁도 많은 편인 나는 집에서부터 출발한 뒤 한 시간 정도 시간이 흐른 후에 부안 변산해수욕장 근처의 숙소에 도착했다. 주차하고 짐을 내려 숙소에 체크인하고 설레는 마음으로 입실을 했다. 2인실인데 깔끔하고 아담하여 마음에 들었다. 짐 정리를 마치고 생각해보니 마트에서 구매한 물품을 집에 두고 왔다. 식사할 때 필요한 물건이라서 아쉬웠지만, 근처의 가까운 편의점에서 다시 구매하였다.

숙소에 가서 회사일, 집안일, 모두 잊어버리고 오로지 책 쓰기와 나만의 시간을 가진다고 생각하니 스트레스가 다 날아가 버린 것 같았다. 바로 글쓰기를 시작했고 집에서 쓸 때보다 집중도 잘 되고 술술 잘 풀린다는 생각이 들었다. 혼자 있는데도 시간이 잘 가는 것 같다. 잠시 글쓰기를 했는데 벌써 저녁 식사 시간이 되었다. 요즘에는 비록 인스턴트 식품이지만, 한 끼 식사를 해결할 수 있는 좋은 제품이 많이 나와 있다. 밥하고 국이 세트로 나와서 한 끼를 해결하기에도 딱 안성맞춤이다.

공기도 좋고 마음이 편한 곳에서 하는 식사는 꿀맛이었다. 저녁을 맛있게 먹고 해변 길 산책을 하였다. 여러 곳에서 캠핑하는 사람들이 아주 많았다. 코로나 시대에 해외에도 가지 못하고 힘들게 살아가는 사람들이 다양한 모습과 방법으로 힐링의 시간을 가지며 시간을 보내고 있다. 때론 가족과 함께, 친구와 함께, 연인과 함께 즐기는 그룹도 다양한 형태와 구성원을 보여주고 있다. 나 혼자 즐기려고 온 것은 아니지만 그 모습을 보니 문득 집에 두고 온 가족이 생각났다. 다음에는 좋은 시간을 가족과 함께 보내면 좋겠다는 생각이 들었다. 나는 해변 길 산책을 마치고 숙소에 들어와서 몸을 씻은 후에 글쓰기에 전념했다. 그렇게 1일 차 시간이 지나갔다.

늦게까지 글을 쓰고 아침 6시에 기상을 하였다. 간단히 세수와 면도하고 늘 그랬듯이 아침 운동은 해변 길로 시작하여 변산 산행길에 들어선다. 아침 공기가 매우 상쾌하고 좋다. 난 늘 아침형 인간으로 살아왔다. 나는 체질적으로 아침잠이 많지 않은 것 같다. 아침에 일찍 일어나 혼자만의 운동으로 산에 오르는 것도 정말 오래간만의 일이다. 일하면서 책을 쓰다 보니 피곤하다는 핑계로 요즘 운동을 게을리하게 되었다.

살아가면서 아주 소중한 시간에 이렇게 자유롭게 지낼 수 있는 것이 행복하다. 늘 나를 믿어주고 도와주는 아내에게 고맙고 또 고맙다. 모든 것이 좋다. 하늘도 맑고 갈매기 소리도 어찌나 좋은지 나를 반기는 것 같다. 숲속의 새들이 지저귀는 소리도 맑고 깨끗하다. 푸르른 나무와 숲 내음이 너무 좋다. 30~40분의 걷기 운동을 마치고 숙소에 돌아왔다. 샤워하고 나니 너무나도 상쾌하다. 아침 준비를 해야 한다. 호텔 숙소에서 요리할 수 없다. 늘 먹는 밥, 찌개가 나오는 마트 식단으로 식사를 하면 뭐든지 맛있다. 식사를 마치고 차 한 잔의 여유를 느끼며 TV 시청을 잠시 하고 또 글쓰기에 열중한다.

그동안에 집에서 글을 쓸 때는 이것저것 걱정되고 집안일에, 회사일, 어머니에 대한 걱정 등으로 잡다한 생각에 잡혀서 안 써지던 글이 슬슬 써지기 시작했다. 작가에게는 이런 시간이 필요한 것 같다. 좋아서 시작했지만, 그동안 글 쓰는 것에 많은 부담을 갖게 되었다. 굳이 안 써질 때는 정말로 '내가 왜! 이 일을 하고 있나?'하고 후회하기도 하면서 힘들어했다. 그런데 그런 생각을 긍정의 생각으로 바꾸고 차분한 마음으로 옛 기억을 되살리면서 글을 쓰다 보니 글이 자동으로 써지는 것 같았다. 내가 생각을 잘한 것 같았다. 무엇인가 일이 잘 안 풀릴 때는 환경에 변화를 주는 것이 도움이 많이 된다. 3박 4일의 시간 속에서 나는 많은 깨달음과 힐링의 시간으로 글도 많이 쓰고 좋은 영향력으로 행복한 시간을 보내고 왔다. 나는 또 시간이 되면 떠날 것이다. 긍정의 에너지를 충전하는 그곳으로….

06

매일 내 인생의
마지막 날인 것처럼

내가 이렇게 나름대로 성공자의 길을 가는 것은 어머님의 헌신적인 사랑과 희생이 있었기에 가능한 일이다. 어머님은 위기 때마다 대처하시는 능력이 대단하신 분이다. 아버님 돌아가시고 다들 우리를 고아원에 보내고 시집가라고 주위에서 권고하셨다.

그러나 어머님은 우리를 이 험한 세상에 버리지 아니하시고 하나도 포기하지 않으시고 당신을 희생하며 키워주셨다. 길바닥에 천막치고 살 때도 서천 군수님께 편지를 보내서 모자원에 들어가서 따뜻하게 생활하였다. 어머님은 풀빵 장사를 하시며 생계를 유지하셨고 열심히 재산을 불려 거주할 집도 구하고 살길을 헤쳐나가셨다. 하루에 3시간 이상은 주무시지도 않고 당신의 희생으로 우리 형제들을 키워주셨다. 과일 장사하실 때도 남들은 흠 있고 썩은 데 도려낸 것들을 가져다 자식들에게 먹였을 테지만 어머님께서는 자식들에게 크고 맛있는 것, 흠 없는 좋은 것을 먹이셨고 당신의 정성과 사랑으로 자녀를 양육하셨다. 동생이 마음의 병이 발병하여 시련이 닥쳤을 때도 어머님은 희망을 버리지 않고 청와대에 편지를 구구절절이 쓰셔서 동생이 기초 생활 수급자 혜택을 받을 수 있도록 하셨다.

어머님은 지금도 생활비를 당신 스스로 감당하신다. 어르신들을 위한 공공 근로를 86세의 고령임에도 불구하고 수년째 일하고 계신다. 마음의 병으로 투병하고 있는 동생도 따뜻하게 돌보시고 지켜주시고 있다. 연세가 있으셔서 힘드실 텐데 당신이 스스로 몸 관리도 하시고 소식을 하시면서 건강하게 생활하고 계신다. 그런 어머님의 모습을 보면서 늘 감사하고 존경하게 된다.

오늘의 내가 있기까지 훌륭하신 어머님이 계시기에 가능했다. 어머니는 부모님이 어려서 일찍 돌아가셨다. 부모님의 보살핌이 필요한 시기에 안 계셔서 어머님의 큰 오라버니, 즉 큰 외삼촌의 보호 아래 성장하셨다. 국민학교 다니는데 '계집애가 배워서 뭐 하냐?'라고 하시면서 외삼촌은 학교에서 어머니를 데려와 국민학교 중퇴를 하게 하셨다. 그 대신에 집에서 조카들을 업어 키우며 돌보도록 하셨다. 그렇게 학교도 제대로 다니지 못하고 외삼촌 댁에서 살림만 하고 조카들을 돌보시다가 시집오셨다.

그런데 가난한 집으로 시집와 아버지를 만나서 온갖 고초를 당하시고 결국 아버지는 일찍 돌아가시고 적지 않은 빚을 유산으로 남기셨다. 어려운 여건 속에서도 어머님께서는 희망의 끈을 놓치지 않으셨고 우리를 헌신적인 사랑으로 키우셨다.

어린 시절 어느 날 우연히 어머님의 낡은 일기장 겸 장부를 보게 되었다. 그 장부에는 이렇게 쓰여 있었다. '나는 남편이 남긴 빚을 제일 먼저 갚고, 전셋집과 월셋집을 계속 살지 않고 꼭 내 집을 장만하리라. 자식들이 굶지 않도록 식량을 책임질 논을 꼭 사야겠다.'라고 다짐하는 내용의 글이 적혀 있었다.

그런 어머님의 꿈은 점점 현실로 되어갔다. 어머님은 생활력이 매우 강하신 분이다. 어릴 적에 나는 '엄마! 오늘 하루만 쉬고 교회에 함께 가세요.'하고 말씀드려도 하루도 쉬지 않고 장사를 하러 나가셨다. 어느 추운 겨울날, 어머님께서는 그날도 어김없이 풀빵 장사를 하시다가 갑자기 쓰러지셨다. 풀빵을 굽는 연탄가스에 중독되어 쓰러지신 것이다. 추운 겨울이라서 환기도 잘 안 하시고 끊임없이 밀려오는 손님이 많아 쉬지 않고 일하시다가 일을 당하셨다. 다행히도 빨리 조치하셔서 생명에는 지장이 없었다. 어머님의 그런 헌신이 있었기에 내가 이렇게 살 수 있었다.

어머님은 21세기에 살고 계시지만 마음과 생각이 조선 시대 여성이다. 엄청 겁이 많으시고 태생적으로 차를 전혀 못 타신다. 여태까지 여행 한 번도 못 다녀보시고 멀리 시집간 딸들 집에도 한번 가보지 못하셨다. 요즘 같은 세상에 제주도나 가까운 해외여행 안 다녀오신 분이 어디 있을까? 가끔 어머님의 그 처지와 상황을 생각해보면 불쌍하고 가슴이 아파서 눈물이 날 때가 있다.

39세에 남편을 잃고 혼자 되셔서 길거리에 나 앉아 어디 갈 곳도 없던 우리를 버리지 않으시고 살아오셨던 우리 어머니, 서천군 여성단체에서 훌륭한 어머니로 선택하여 '장한 어머니상'도 받으셨다. 어머님은 요즘에도 공공근로 하셔서 월급 받으시면 내게 연락하신다. '내가 사줄게. 맛난 것 먹으러 가자.'라고 하시며 가슴 뿌듯해하신다. 괜찮다고 사양해보지만, 어머님께서는 한사코 당신이 한턱내신다고 하시며 결국 식사비를 계산하신다.

어머님의 사랑은 지금도 여전히 진행형이시다. 3교대 근무할 때 야간 근무를 하고 있으면 잠 못 자서 힘들다고 생선을 사다가 손수 말리셔서 입맛이 없을 때 먹으라고 가지고 오신다. 어머님도 이제 나이도 있으시고 많이 힘드실 텐데 하해와 같은 어머님의 사랑을 어떻게 다 보답해야 할지 모르겠다.

어머니 성품은 힘들게 살아오신 것에 비하면 항상 웃음을 잃지 않으시고 유머 감각도 많으신 분이다. 늘 긍정적인 생각으로 살아오셨고 젊은 사람의 마음도 많이 이해하려고 하신다. 바꾸어 말하면 어머님은 배려의 마음이 차고 넘치시는 것 같다. 전에 살던 동네도 그랬지만 지금 어머님 사시는 동네에서도 어머님은 인기가 참 많으시다. 농사짓는 분이 호박, 무, 시금치 등 각종 채소를 챙겨다 주시고 자녀들이 가져온 간식도 나누어주신다고 하시면서 받으면 많이 부담스럽다고 하신다. 어머님의 배려

하는 마음 때문에 동네 분들이 어머님과 함께 하는 것을 좋아하시는 것 같다.

다시 한번 말해도 어머님의 훌륭하신 인품과 헌신적인 사랑으로 우리 형제가 잘 성장할 수 있었던 것 같다. 어머님은 하루를 소중하게 보내는 분 중 한 분이시다. 연세가 있으시지만, 당신의 건강관리도 소홀히 하지 않으신다. 소식하시면서 일찍 드시고 맛있는 것이 있어도 늦은 저녁에는 간식을 전혀 드시지 않는다. 일찍 주무시고 일찍 일어나시는 습관으로 지금까지 살아오셨다. 어머님은 갑자기 찾아온 허리 디스크 외에는 병원에서 수술하거나 입원을 한 적이 없으셨다. 어머님의 건강관리비법은 나를 비롯해서 요즘 젊은 사람들이 배워야 한다고 생각한다. 일찍 자고 일찍 일어나는 습관과 소식하기, 야식 먹지 않기 등 어머님에게서 본받고 배울 점이 많다.

언젠가는 어머님도, 나도 천국에 가게 될 것이다. 건강하게 잘 살아서 후대에 좋은 추억을 남기는 삶이 되기를 바란다. 어머님이 계셨기에 오늘의 내가 있고 우리의 아들딸이 존재하는 것이다. 나는 지금 어머님께 이렇게 고백하고 싶다. '어머님의 아들로 태어나게 해주셔서 진심으로 감사합니다. 내 생명이 다하는 그 날까지 어머님을 온 마음 다해 사랑하고 존경하며 자식의 도리를 다하겠습니다.'

나는 어머님의 희생과 사랑으로 당신의 일생을 보여주신 그 삶을 모델로 삼아 매일매일 내 인생의 마지막 날인 것처럼 시간을 소중하게 여기면서 살 것이다. 하루를 살아도 마지막인 것처럼 열정을 가지고 살련다. 후회 없는 인생이 되기 위해서 오늘도 도전하는 내 삶의 아름다운 여정은 계속될 것이다.

07

미래는 내가 만들어간다

나의 미래를 나는 어떻게 만들어갈 것인가? 지금까지 살아온 것처럼 절망 속에서도 좌절하지 않고 희망과 꿈을 가지고 누구에게 나를 맡기지 않고 건강하게 미래를 만들어갈 것이다.

내가 어떻게 미래를 만들어 갈 것인가? 나는 늘 꿈을 꾸는 삶을 추구해왔다. 내가 있는 자리에서 멈추지 않고 조금씩 성장해왔다. 때로는 내가 나를 왜 이렇게 힘들게 하는 것일까? 생각할 때도 있다. 무슨 일을 시작하려면 사실 두려움과 갈등이 많이 생기게 된다. 이쯤이면 된 것을 왜 힘들게 하면서 무엇을 얻으려고 하는 것인지 나에게 되물어 볼 때가 있다. 그러면 나는 이렇게 답을 한다. 이 자리에 만족하고 도전하지 않으면 늘 그 자리에 머물게 될 것이라고….

이렇게 책을 쓰는 것도 정말 나에게는 엄청난 도전으로 다가왔다. 금전적으로나 경제적인 면에서도 아직 여유가 없는 상황이다. 아파트 담보대출, 아이들 대학 학자금 등 아직은 갚아야 할 빚이 있다. 대한민국의 모든 직장인은 월급이 한정되어 있다. 어렵게 번 돈은 한 달 생활비로 쓰고 저축하기도 쉽지 않다. 한 달 월급 받으면 그동안 사용한 카드 대금 갚고 남는 게 많지 않다.

이렇게 나 자신을 계발하고 나의 가치를 높이는 곳에 투자한 노력은 분명 힘든 과정이지만 값진 열매로 나에게 돌아올 것이다. 지금 잘살고 있다고 해서 미래를 대비하는 일에 소홀하거나 미뤄서도 안 된다. 현재 상태에 만족하고 그 자리에 안주하지 말고 미래의 꿈을 갖고 꿈을 실현하기 위한 목표를 세워야 한다. 나의 미래를 그 누구도 알지는 못한다. 그러나 과거 수많은 어려움 속에서 내가 견뎌야 했던 고통의 무게들은 나를 짓누르고 일어서지 못하도록 하였으나 그 모든 어려움을 이겨낼 수 있게 한 것은 바로 내가 꾸는 꿈과 희망이다.

성경에 '꿈이 없는 백성은 망한다.'라는 말이 있다. 정말 꿈이 없는 사람은 바로 절망의 나락으로 떨어질 것이요, 어둠의 구렁텅이에서 헤어나오지 못할 것이다. 나는 성공자의 길을 가기 위하여 시간을 헛되이 보내지 않을 것이다. 내가 걸어온 길을 되돌아보면서 나의 실패와 좌절 속에 생긴 상처가 치유되고 고난을 통해 내가 깨달은 것을 진솔하게 거짓 없이 써 내려갈 수 있었다. 그 결과물은 내가 판단하는 것이 아니라 독자가 판단할 것이다. 나는 열심히 노력할 뿐이다. 현재에도 미래에도 나는 한 가족의 장남으로, 한 가정의 아버지로 최선을 다해서 부족함이 없는 삶이 되도록 노력하고 어긋나지 않는 바른길을 살다 갈 것이다. 나 자신에게만 아니라 나의 후대 앞에서 후회 없는 삶이 되기 위해서 말이다.

미래를 더욱더 풍성하게 누리기 위해서 시간을 아끼고 하루를 소중하게 보내는 노력도 필요하다. 내 미래는 내가 만들어간다. 어쩌면 내가 만든 미래는 내가 선택하고 내가 준비한 대로 그 결실을 맞이할 수도 있다는 생각이 든다. 내 안에 거짓된 마음이 있다면 깨끗이 비우고 내 안에 지혜로 채우며 하루하루의 계획을 세우면서 미래를 준비하자. 지금까지도 그랬던 것처럼 어떤 상황에 놓일지라도 절대로 두려워해서는 안 된다. 미래는 실패를 두려워하지 않고 도전하는 자의 것이기 때문이다. 아내가 평소에 '여보! 너무 걱정을 앞서서 하지 말고 물이 흐르듯이 편안하게 순리를 따르세요.'라고 자주 말한다. 내가 걱정을 사서하고 닥치지도 않을 일에 미리 염려하는 모습을 자주 봐왔기 때문이리라. 아내의 말도 맞다. 하지만 늘 그렇게 현실에 안주하면서 살면 편안하기야 하겠지만 현재에 만족하는 삶은 조금은 불안정하고 안심이 되지 않는다. 내일 당장 무슨 일이 일어날지 아무도 모르기 때문이다. 내 생각은 아무도 모르는 '내일'을 조금씩 준비하는 삶으로 사는 것, 그것이 내 생각이다. 미래를 준비한다는 것은 순식간에 '대박'을 맞는 삶을 의미하는 말이 아니다. 허무맹랑한 꿈을 가지고 생활하려고 하지는 않는다. 무엇보다 제일 중요한 것은 건강을 지키는 일이라고 생각한다.

사회복지를 배우면서 요양원에서 실습하는 동안 병들고 늙어 요양원에 계신 어르신들의 모습을 보면서 나의 삶의 발자취를 되돌아보게 되었고 나의 미래는 과연 어떤 모습일지, 그곳에 계신 어르신의 모습이 미래의 내 모습이 될 수도 있다는 생각에 나는 충격을 받았다. 흔히 사람들이 자주 '건강은 건강할 때 지켜야 한다.'고 말하는 모습을 보게 된다. 내 건강을 지키는 일은 쉬운 것 같으나 실천하기에 힘든 일이다. 나도 항상 내 몸의 건강을 지키기 위해 운동을 하려고 노력한다. 운동을 열심히 하다가도 때로는 몸의 컨디션이 난조를 보이면 운동을 멈추며 잔꾀를 부리기도 한다. 이런저런 핑계를 대며 운동을 쉬기도 한다. 그렇게 시간이 지나면 살도 찌고 몸의 여러 군데가 아프기 시작한다. 운동은 숨을 쉬고 밥을 먹듯이 꾸준히 하지 않으면 절대로 안 되는 것이다. 멈추지 않고 지속해야 운동을 해도 효과가 나타나고 건강에 도움이 되는 것이다.

현대사회에서 누구나 살아가면서 피할 수 없는 개개인의 스트레스가 있다. 스트레스의 강도의 차이에 따라 본인이 잘 이겨나가며 극복하기도 하고 극심한 스트레스가 쌓이고 쌓여 극복하기 힘들어하는 사람도 있다. 항상 있는 이 스트레스를 어떻게 극복할 것인가? 모든 일이 다 그렇듯이 마음먹기에 달렸다. 하루를 살아가면서 일어나는 일에 스트레스가 발생할 때 스트레스를 내 것으로 받아들이고 나를 단련하는 힘으로 생각하고 능히 이겨내야 한다. 그렇지 못하면 쌓이고 쌓인 스트레스는 만병의 근원이 되어 자신을 공격한다.

나는 그동안 수많은 시련과 역경이 왔을 때 그 많은 순간을 처음에는 알코올로 이겨보려 했었다. 그러나 그것은 정답이 아니었고 오히려 내 몸을 상하게 하고 허무함만 남게 된다는 사실을 깨닫게 되었다. 지금은 나에게 시련이 와도, 극심한 스트레스가 밀려와도 나는 걱정하거나 염려 속에 빠지지 않고 이겨낼 수 있다. 그것을 정면으로 받아서 슬기롭게 대처하고 극복하는 삶의 지혜를 배우게 되었다. 지금도 살아계셔서 나와 함께 하시는 하나님을 믿는 믿음 안에서 신앙의 힘으로 이겨내고 승리했다. 미래의 내 삶도 그렇게 걱정하지 않는다. 지금까지 삶의 지혜로 잘 극복한 것을 거울로 삼아 절망하거나 낙심하지 않으며 두려워하거나 피하지 않고 잘 이겨낼 것이다.

인생에서 자신에게 주어진 시간을 아끼고 규모 있게 사용해야 한다. 내가 한 번도 걸어가 보지 못한 미래는 앞이 보이지 않는 안개와 같아 무슨 일이 나를 기다리고 있을지 아무도 모르기 때문에 문제 상황에 대처하는 능력을 길러야 한다. 그렇지 않으면 남보다 항상 뒤 쳐져서 앞서가는 사람을 바라보는 사람이 되고 말 것이다. 세상을 살아간다는 것은 생존경쟁의 치열함 속에서 살아남는 것을 의미한다. 때로는 힘들고 어려운 상황으로 처하게 될 때가 많을 것이다. 그러나 목표를 바로 세우고 철저한 준비를 한다면 기회가 올 때 그 기회를 놓치지 않고 분명히 잡을 수 있다. 그리하여 인생에서 기회를 잘 잡으려면 늘 대비해야 한다는 것이다. 나의 미래를 직접 설계하고 내 속에 있는 잠재 능력을 지속하여 키워나갈 수 있는 노력이 필요하다. 긍정의 생각으로 삶의 지혜를 가지며 성공자의 꿈을 이룬 미래의 내 모습을 그려보며 오늘도 나는 '나'를 만들어 갈 것이다.

내 삶의 마지막이 다가올 때 '나는 최선을 다해서 시련과 절망을 이겨내고 역사의 한 페이지로 기록될 사람으로 남아 후회 없는 삶을 살아왔다.'라는 고백과 함께 내 삶의 발자취를 되돌아볼 것이다. 미래는 내가 만들어가는 것이기에….